Franz A. Koch

Die Kraft der Absicht

Franz A. Koch

Die Kraft der Absicht

Wie Bewußtsein wirkt

Omega

Bibliografische Information der Deutschen Bibliothek

Die Deutsche Bibliothek verzeichnet diese Publikation in der Deutschen Nationalbibliografie;
detaillierte bibliografische Daten sind im Internet über http://dnb.ddb.de abrufbar.

1. Auflage März 2007

Lektorat: Gisela Bongart
Satz und Gestaltung: Martin Meier
Covergestaltung: Hermann R. Lehner
ISBN 978-3-930243-42-6

Dieses Buch wurde nach den Regeln der alten Rechtschreibung lektoriert.

Druck: FINIDR, s. r. o., Český Těšín, Tschechische Republik

Omega®-Verlag, Gisela Bongart und Martin Meier (GbR)

D-52080 Aachen • Karlstr. 32
Tel: 0241-168 163 0 • Fax: 0241-168 163 3
e-mail: info@omega-verlag.de
www.omega-verlag.de

„Du hast allen Anspruch auf Wunder.
Aber wenn du sie nicht zuläßt,
können sie auch nicht geschehen.
Sie geschehen nur, wenn du mitarbeitest."

Mundaka Upanishad

Inhaltsverzeichnis

1 Die Kraft der Absicht

Auf dem Schulhof fragt der Lehrer einen heulenden Dreikäsehoch: „Warum weinst du denn, Kleiner?“ Dieser wischt sich den Rotz von der Nase und flennt: „Man hat mein Pausenbrot in den Brunnen geworfen!“

„Mit Absicht?“ will der Pädagoge wissen.

„Nein, mit Wurst und Käse!“

Ich hoffe, Sie schmunzeln über diesen Witz. Aber mal ehrlich: Wissen *Sie* genau, was ABSICHT ist? Und wissen Sie um die Kraft der Absicht, Ihrer Absicht, was Sie damit bewirken und bewerkstelligen können?

Darum geht es in diesem Buch. Auch wenn uns dieser Ausdruck recht geläufig ist, wenn wir beispielsweise sagen: „Ich habe die Absicht, in den Urlaub zu fahren“, oder „Wir beabsichtigen, uns ein Haus zu kaufen“, dann sind wir uns dennoch nicht unbedingt bewußt, welch weitreichende Wirkung eine „Absicht“ nach sich zieht.

ABSICHT ist die eigentliche schöpferische Kraft des Universums, die richtunggebende Komponente allen schöpferischen Geschehens. Den alten Weisheitsbüchern zufolge besteht das Universum aus Bewußtsein und Energie. „All das was ist" ist Bewußtsein und Energie. Zwar wissen wir einigermaßen, was Energie ist. Aber was um Himmels willen ist „Bewußtsein"? Alle reden davon, ohne genau zu verstehen, was es damit auf sich hat.

ENERGIE ist der Stoff, aus dem das Universum besteht, und dieser Stoff, diese Substanz, kann – wie Wasser – die verschiedensten „Aggregatszustände" annehmen. BEWUSSTSEIN ist der aller Energie innewohnende Geist, der Programmierungscode, über den Energie beeinflußt, gesteuert und geformt werden kann. ABSICHT bezeichnet jene Kraft oder Instanz, die diesen Programmierungscode betätigt und in Gang setzt. Absicht ist somit die Essenz des Bewußtseins, der Faktor, der bestimmt, welchen Fokus das Programmieren der Energie oder Ursubstanz verfolgt. Absicht ist somit das allem Leben innewohnende und ihm Richtung gebende Bewußtsein, der bestimmende Faktor eines jeden Ausdrucks des Lebens und lebendigen Geschehens. Absicht ist der innere Code, nach welchem sich Schöpfung entwickelt. Schöpfung ist in Erscheinung getretene Absicht. Alles Leben ist Ausdruck von Absicht, ist Manifestation einer Absicht. Hinter allem Leben, hinter allem Geschehen steht eine Absicht. **Absicht ist die hinter allem stehende Kraft,** ist die „**dahinterstehende Kraft**“ schlechthin.

Der indianische Schamane Don Juan bezeichnet diese hinter allem stehende Kraft als „Nagual“ – im Gegensatz zu „Tonal“, der geschaffenen Welt, der Welt der Materie, der Erscheinungen und Erfahrungen. Nagual durchdringt Tonal als formgebendes und bestimmendes Prinzip.

Die meisten von uns bezeichnen die hinter allem stehende Kraft, das bestimmende und formgebende Prinzip, als GOTT, im Englischen GOD. GOD ist eine Abkürzung für Generator, Operator, Destructor, auf Deutsch Schöpfer, Erhalter und Zerstörer, oder auch schöpferisches, erhaltendes und zerstörendes Prinzip. Eines dieser drei Prinzipien ist in allem, was ist, aktiv. Damit ist Gott in allem, was ist. ER – oder SIE (die drei Prinzipien) – ist damit im ganzen geschaffenen Universum präsent, gegenwärtig. Doch ER ist nicht nur Ausgestalter dieser Welt und aller Welten, sondern gleichzeitig Hintergrund für all diese geschaffenen Welten.

Bevor Herschel ein berühmter Rabbiner wurde, sagte einmal ein Lehrer zu ihm: „Herschel, ich verspreche dir einen Taler, wenn du mir sagen kannst, wo Gott ist." Darauf gab der Knabe zur Antwort: „Und ich gebe Ihnen zwei Taler, Herr Lehrer, wenn Sie mir sagen können, wo Gott **nicht** ist!"

Überall ist Gott, denn Gott ist all das, was ist. In allem, was ist, wirkt die gleiche Kraft, die allem innewohnende „**Heilige Absicht**", und es gibt nichts, wo sie nicht ist. Wenn wir unser menschliches Bewußtsein ausrichten, berühren wir die Heilige Absicht und setzen die schöpferischen Kräfte des Universums in Gang. Wir sind „Mitschöpfer", wie Kryon* sagt, und nehmen Teil am niemals endenden Schöpfungsprozeß und der Ausgestaltung immer neuer Realitäten. Was immer unsere Absicht, unsere ungeteilte Absicht ist, wird sich manifestieren. Denn das Universum kann nicht anders: es **muß** unsere Absicht förmlich manifestieren. Energie und Materie können nicht anders, als dem ihnen innewohnenden Geist zu entsprechen. Deswegen spreche ich von der **Heiligen Absicht**, da das Leben alles manifestieren **muß**, was in unserer Absicht steht.

* Kryon ist eine geistige Wesenheit, die ihr Wissen über verschiedene Medien wie z.B. Lee Carroll vermittelt.

2 Geist, Bewußtsein, Absicht

Wie viele andere bedeutsame Worte benutzen wir auch *Geist, Bewußtsein oder Absicht,* ohne uns viel dabei zu denken und ohne genau zu wissen, was wir damit meinen.

Eine Unterscheidung, die wir gewohnheitsmäßig treffen, ist, ob etwas sichtbar oder unsichtbar ist. So etwa ist Materie für uns *per definitionem* **sichtbar**, während Energie grundsätzlich **unsichtbar** ist. Dabei zeigen uns selbst die Naturwissenschaften immer deutlicher, daß Energie und Materie **ein einziges** Kontinuum sind. Materie ist Energie, und Energie ist Materie.

Auch Geist ist für uns grundsätzlich unsichtbar, etwa so wie der Wind. Aber so wie der Wind kann Geist sichtbar gemacht und erfahren werden. Geist ist zwar Geist, aber auch Geist besteht aus Bewußtsein und Energie, so wie etwa Gedanken aus Bewußtsein und Energie bestehen. Vermutlich können auch diese bald einmal sichtbar gemacht werden. Auch wenn Gedanken für uns noch unsichtbar sind, es ist bereits gestalteter Geist, geformte Energie oder vorgeformte Materie.

Bewußtsein andererseits ist, wie gesagt, der aller Energie innewohnende Funke, das Steuerungsprinzip. Doch Bewußtsein ist keine leere Größe, es ist erfüllt mit Absicht, mit einem Fokus, einem richtunggebenden Impuls.

Absicht ist also Bewußtsein, schöpferisches oder formgebendes Bewußtsein. Absicht formt Geist, und Absicht formt Materie. Absicht durchdringt alles, zuallererst die Welt des Geistes, der Ideen und Visionen. Absicht liegt allem zugrunde, was sichtbar entsteht und sich aus eben dieser Welt des Geistes im wahrsten Sinn des Wortes *herauskristallisiert.* Bevor etwas für uns sichtbar entsteht, ist es Geist. Und Geist ist so etwas wie feinstoffliche Materie, ist Energie.

Wie in meinem Buch *Alles kann sich ändern* dargelegt, teilt sich in der indischen Schöpfungsgeschichte Brahma, das Eine und Ungeteilte, in Shiva und Shakti, in Bewußtsein und Energie. Shiva und Shakti sind ein Liebespaar, in ewiger Umarmung begriffen und unteilbar miteinander verbunden. Bewußtsein und Energie sind die beiden Komponenten, aus denen die ganze Schöpfung besteht, sind die beiden nichttrennbaren Seiten ein und derselben Münze. Alles, was ist, besteht aus diesen beiden Komponenten, besteht aus Bewußtsein und Energie. Bewußtsein ist dabei die formgebende, Energie die sich hingebende und Form annehmende Größe. Ob diese Form feinstofflich oder grobstofflich ist, spielt keine Rolle.

Bewußtsein ist also nicht nur in aller und jeder Form enthalten, es ist vielmehr das formgebende, bestimmende Element schlechthin. Bewußtsein ist das innere Programm, nach dem sich Form entwickelt. Der innere Code wird zum Beispiel sichtbar in der DNS, in der genetischen Anlage des Lebens und der Materie, doch sind diese sichtbaren Formen bereits Ausdruck einer feineren, innewohnenden Struktur. Und diese immanente Struktur ist ABSICHT.

Ja! Absicht ist also nichts anderes als *gerichteter* Geist. Absicht ist sozusagen *Bewußtsein in Aktion.* Absicht dirigiert Geist beziehungsweise ist *dirigierendes Bewußtsein.* Bevor Geist in Aktion tritt, ist da eine Absicht, die den Geist in Aktion treten läßt. Absicht ist mehr als Geist und mehr als Gedanken, denn Absicht läßt Geist wirken und Gedanken entstehen, ist sozusagen die Impulskraft hinter Geist und Gedanken. Demnach ist Absicht das Allererste, die Krone allen Seins, aller Schöpfung und Entstehung. Absicht ist die Grundlage, ist Alpha und Omega zugleich. Ohne Absicht gibt es nichts, nichts geschieht ohne

Am Anfang war der Wunsch [Wille] des Einen viele zu sein

Absicht. Aus der Höchsten Absicht entsteht alles, und alles kehrt letztlich dahin zurück.

Diese schöpferische Wahrheit ist ewig, ist immer da, ist hier und jetzt. Hier und jetzt entsteht alles aus einer Absicht. Im Großen und Ganzen ist es die Absicht des Einen, sich zu teilen und zu entfalten, zu wachsen und zu gedeihen und jede Form anzunehmen, die Geist sich vorstellen kann. Mit unserer Absicht klinken wir uns ein ins schöpferische Geschehen.

Absicht wirkt und erschafft, im Kleinen wie im Großen. Absicht läßt entstehen, läßt Geist wirken und Formen in Erscheinung treten. Absicht ist die höchste schöpferische Kraft im Universum, es gibt nichts Vergleichbares. Das Alpha und das Omega, Ausgangspunkt und Zielpunkt zugleich. Der Kreis der Schöpfung, aller Schöpfung, beginnt und endet hier. Diese Wahrheit ist einfach und komplex zugleich, komplex insofern, als „zwischen diesem einen Punkt" alles liegt, was wir je uns vorstellen, erleben, wahrnehmen oder erleiden können. Wenn wir in der Bibel lesen „Zuerst trachte nach dem Königreich", dann geht es genau um diesen Punkt. Dazwischen – und wie gesagt, eigentlich sind es nicht zwei Punkte, sondern es ist ein und derselbe Punkt – liegen alle Himmel und Höllen des Universums.

Vielleicht sind Sie enttäuscht, daß es „nur" um Bewußtsein geht, um das Ingangsetzen der geistigen Kraft und der Kraft des Geistes. Und doch: Nichts ist mit der KRAFT DER ABSICHT vergleichbar. Auf ihr ist das ganze Universum aufgebaut, sie läßt Welten und Formen entstehen und verschwinden. Die KRAFT DER ABSICHT ist unübertrefflich, denn sie ist Anfang und Ende allen Seins und aller Schöpfung.

Im Großen und Ganzen seid ihr hier,
um euer Bewußtsein zu erweitern
und zu lernen,
wie Kreativität durch die Inhalte eures
Bewußtseins
in verschiedene Bahnen gelenkt wird.

Seth

3 Wer sind wir, und wozu sind wir hier?

Wenn die ganze Schöpfung aus Bewußtsein und Energie besteht, dann sind wir dies in ganz besonderem Maße. Als Menschen sind wir nicht nur ein Teil der geschaffenen Welt, sondern mit unserer Absicht, mit Gedanken und Gefühlen auch Teil der erschaffenden Welt. Wir sind „Mitschöpfer", wie Kryon es nennt. Und wenn wir Mitschöpfer sind, dann lohnt sich natürlich auch die Frage, wozu wir denn hier sind, was es in unserem Leben allenfalls zu lernen und zu entwickeln gilt. Denn davon gehe ich aus, daß es im Leben etwas zu lernen und zu entwickeln gibt. Selbst wenn das Leben ein (göttliches) Spiel ist, macht es durchaus Sinn, seine Fähigkeiten und den Spaß am Spiel zu fördern, zu entwickeln, zu vertiefen oder zu erhöhen. Ein Spiel macht erst richtig Spaß, wenn man es ein wenig kann, wenn man Möglichkeiten und Varianten beherrscht und dabei immer neue Höhen und eine immer tiefere Befriedigung erreichen kann.

Nehmen wir also an, wir sind hier, um das Lebensspiel und seine Regeln zu erlernen und darin zur Meisterschaft zu gelangen. In diesem Spiel geht es ums Schöpfen und Erschaffen, ums Erhalten und ums Zerstören, um nicht mehr und nicht weniger. Wir können, nach unseren Fähigkeiten und Möglichkeiten, „Gott spielen". Im Lebensspiel geht es darum, unsere Lebenszeit auf dieser Erde zu gestalten und darum, eine für uns passende Welt zu erschaffen.

„Macht euch die Erde untertan", hat der Gott der Bibel zu Adam und Eva gesagt, als er sie aus dem Paradies verwies, wo alles schon perfekt ausgestaltet war. „Geht hin und erschafft euch euer eigenes Paradies", hätte Er auch sagen können. Um nichts anderes geht es bei unserem Lebensauftrag als darum, unser Paradies auf Erden zu schaffen. Doch das bedeutet nicht, Kontinente zu erobern, Völker zu unterjochen und die Natur umzugestalten, in dieser Hinsicht ist der Auftrag, sich die Erde untertan zu machen, wohl mißverstanden worden. Jesus war deutlicher: „Euer Glaube kann Berge versetzen", sagte er und wies damit in die Richtung, wie die Meisterung des Lebens gemeint war.

Bei unserem schöpferischen Auftrag geht es darum zu erkennen, daß Geist oder vielmehr Bewußtsein die ganze Schöpfung durchdringt und daß dieser Geist oder dieses Bewußtsein durch Absicht gelenkt wird. Es geht darum zu erkennen, daß wir „Geist“ oder Bewußtsein sind, der oder das einen physischen Körper bewohnt, den er (oder es) zum Zweck des Selbstausdrucks geschaffen hat. Es geht darum zu erkennen, daß wir mit unserer Absicht und der gelenkten Aufmerksamkeit jedwede Realität erschaffen, auf die wir uns konzentrieren, die wir uns also vorstellen beziehungsweise vorstellen können. Absicht ist sozusagen das Schwert der Schöpfung, ist konzentrierte geistige Macht und Energie, ist die Quintessenz der Kraft und der Macht des Geistes, ist die schöpferische Urkraft schlechthin.

Alles, die ganze Schöpfung, besteht aus nichts anderem als aus Bewußtsein und Energie. Beide, Bewußtsein und Energie, gehen Hand in Hand; wo Bewußtsein ist, ist Energie, und wo Energie ist, ist Bewußtsein. Materie ist nichts weiter als verdichtete Energie, und auch sie ist bis ins letzte Atom von Bewußtsein durchdrungen. Deshalb lenkt Bewußtsein auch Materie, formt sie und beeinflußt sie in ihrem Verhalten.

Es ist wichtig, daß wir erkennen, wer oder was wir sind. Es ist wichtig, daß wir erkennen, daß wir in erster Linie Bewußtsein sind, ein ungetrennter Teil des all-einen Bewußtseins, denn nur so können wir unser geistiges Erbe in Anspruch und in Besitz nehmen und unser „Mitschöpfertum“ anerkennen. Denn dann macht es Sinn, die Spielregeln des kosmischen Spiels zu erlernen und zu beherrschen, damit wir alles zu unseren Gunsten gestalten und alles Gewünschte erschaffen können. Und bei diesem schöpferischen Spiel ist **Absicht** der Schlüssel.

„Viele von euch“ sagt Kryon wörtlich, „verstehen noch nicht, was durch bloße Absicht alles erreicht werden kann“, und fährt fort: „Dieser Teil Gottes in dir hat die Kraft, alle Dinge um dich herum zu gestalten und zu verändern, selbst die Dinge, vor denen du dich am meisten fürchtest.“ Und an anderer Stelle sagt er: „Es gibt nichts in eurem Leben, das ihr jetzt nicht ändern könnt, wenn ihr beschließt, es zu ändern.“

Wie ich in meinem Buch *Alles kann sich ändern* dargelegt habe, braucht es für eine Veränderung im Grunde nichts anderes als unsere Absicht, etwas zu ändern, um die Änderung zu vollziehen. **Die alleinige Absicht genügt**. Etwas zu ändern bedeutet demnach nichts anderes, als eine neue Absicht zu installieren und wirken zu lassen.

Wir sind also hier, um die Kraft unserer Absicht zu erkennen und sie zu nutzen, zum Wohle unserer selbst und der ganzen Schöpfung. Denn, um nochmals Kryon zu zitieren: „Die Veränderung in *einem* Menschen fördert die Veränderung in vielen“, und das Wohlergehen *eines* Menschen fördert das Wohlergehen vieler.

Beginnen wir also damit zu verstehen, wer wir wirklich sind und was unser schöpferischer Auftrag ist. Nur so können wir unsere Fähigkeiten erkennen, fördern und ausbauen und damit das schöpferische Spiel des Lebens freudvoll spielen und gewinnen.

Nochmals: Wir sind hier, um unser göttliches Erbe in Besitz zu nehmen und zu erkennen, daß wir Mitschöpfer und Mitgestalter des Lebens und des Universums sind. Wir sind hier, um uns zu entwickeln und unser (noch eingewickeltes) Bewußtsein zu entfalten.

In diesem Sinn: Viel Freude und Erfolg bei Ihrem Lebensspiel!

4 Traumfänger

Ein wunderbares Beispiel für die schöpferische Kraft der Absicht erzählt Marlow Morgan in ihrem großartigen Buch *Traumfänger*. Die Autorin selbst ist die Heldin des Buches. Sie soll für ihre soziale Arbeit mit australischen Ureinwohnern einen Preis erhalten und reist deshalb in den äußersten Outback im Norden des Kontinents. Anstelle einer Auszeichnung erhält sie von den Ureinwohnern eine Einladung, eine Gruppe von Aborigines auf einem sogenannten *Walkabout* durch die karge Wildnis Australiens zu begleiten. Es geht sogleich los, und Morgan kann nichts vorbereiten und nichts mitnehmen. Schon bald gerät die zivilisationsgewohnte Frau an die Grenzen ihrer Belastbarkeit, während die Ureinwohner keinerlei Mühe haben, mit der großen Hitze und anderen schwierigen Umständen fertigzuwerden.

Marlow Morgan erlebt auf diesem mehrwöchigen Rundgang auf heiligen Pfaden die grenzenlose Kraft der Absicht. Auch wenn diese „primitiven“ Menschen über nichts verfügen als über ihre geistige Kraft und ihr Bewußtsein, so steht ihnen doch jederzeit alles zur Verfügung, was sie zum Leben und Überleben in der Urlandschaft Australiens gerade brauchen. Kraft ihrer Absicht finden diese Menschen im richtigen Moment Wasser, wenn sie durstig sind, Nahrung, wenn sie hungrig sind, Schutz oder Werkzeug, wenn solches benötigt wird. Als die Gruppe einmal Hunger verspürt, bittet sie um Nahrung, und wenig später fliegen ihnen die Vögel (nicht gebratene natürlich) fast buchstäblich in den Mund. Und als die Gruppe einmal der Autorin ihre Heilenergien demonstrieren möchte, bricht sich „zufällig" ein Gruppenmitglied einen Arm – damit ist die Gelegenheit gegeben, ein Heilritual durchzuführen und den gebrochenen Körperteil allein mit der Kraft der Absicht wieder zusammenzufügen.

Als Leser spürt man förmlich, wie diese einfachen Menschen mit ihrem Kosmos und dem allesdurchdringenden Geist verbunden sind und wie ihnen aus diesem Geist alles erwächst, was sie zum Leben benötigen. Alles Gewünschte manifestiert sich unmittelbar, sobald die entsprechende Absicht besteht. Diese Menschen brauchen nicht den Großen Geist (Gott) zu bitten, ihnen etwas zu geben. Vielmehr *sind* sie Geist, und als solcher erschaffen sie ihr Universum nach ihren Wünschen. Es ist ein wunderbares Buch, das ich allen, die es noch nicht kennen sollten, nur empfehlen kann.

Auch wir sind auf einer Art Walkabout, einem „Rundgang“ durch unser Leben, und auch uns wird dabei alles Gewünschte zufliegen, wenn wir die Kraft unserer Absicht erkennen und sie richtig einsetzen. „Tischlein-deck-dich“ ist nicht nur eine Utopie, sondern eine mögliche Realität, ja eine Tatsache, wenn wir die entsprechenden Ursachen setzen.

5 Was genau ist Ihre Absicht?

Wie unsere Absicht wirkt, können wir sehr gut anhand der Technik des Änderns sehen und demonstrieren. Auf irgendeine Weise ist eine Realität zustande gekommen. Auf irgendeine Weise haben wir eine Realität verursacht. Wenn uns diese gefällt, werden wir sie genießen, wenn nicht, möchten wir sie vermutlich ändern.

Was auch immer wir an Realität in unserem Leben vorfinden, entspricht stets genau unserer Absicht beziehungsweise der Summe unserer Absichten. Was auch immer wir zu beabsichtigen *glauben,* ist nicht relevant. Was allein zählt, ist das, was wir unter dem Strich vorfinden, also die Summe all unserer Absichten. Und diese entspricht zu einhundert Prozent der Realität unseres Lebens.

Unser Leben zeigt in jedem Moment die Summe unserer Absichten.

Die Absicht ist das, was Sie säen, die Realität Ihres Lebens ist das, was Sie ernten. Wenn Sie wissen wollen, was Sie gesät haben, brauchen Sie sich nur Ihre Ernte anzugucken. Des Lebens Ernte lügt nie, sie zeigt Ihnen ganz genau, was für Absichten Sie verwirklicht haben.

Nun sind aber viele Menschen davon überzeugt, daß sie etwas Bestimmtes in Ihrem Leben wollen und es trotzdem nicht bekommen. Tatsache ist, Sie bekommen alles, was Sie möchten, vorausgesetzt, daß es auch das ist, worauf Sie sich hauptsächlich konzentrieren.

Frau Sammer, eine Nachbarin, erzählt mir beispielsweise immer wieder, sie möchte doch gesund werden, doch wenn ich sie wirklich reden lassen würde, könnte sie mir stundenlang von all den Widerwärtigkeiten berichten, denen sie andauernd ausgesetzt ist. Im Grunde beschäftigt sie sich nämlich fortwährend mit dem Schlechten, das ihr in ihrem Leben widerfährt.

Erinnern wir uns doch an das geistige Gesetz, daß wir das bekommen, verstärken und vertiefen, worauf wir fokussieren, worauf wir uns konzentrieren und womit wir uns hauptsächlich beschäftigen. Tatsache ist, daß die meisten von uns sich hauptsächlich mit dem beschäftigen, was sie stört, was sie nervt, was ihnen zu schaffen macht und zu denken gibt, anstatt mit dem, was sie tatsächlich und wirklich wollen.

Mit unserem Denken urteilen wir permanent über das, was ist, und so machen wir es mit unserem Urteil entweder gut oder böse. Zu urteilen bedeutet, das ursprüngliche Ganze in Gut und Böse zu teilen, anstatt es weiterhin als schöpferisches Kontinuum zu sehen, welches umgehend zu den eigenen Gunsten beeinflußt und geändert werden kann. Wenn das Urteil nämlich gefällt ist, dann *gilt* es, die Realität *ist* dann so. Und dann trauen sich die Menschen nicht mehr zu, diese zu ändern. Viele genießen es gar, ihr Opfersein richtiggehend zu zelebrieren und es jedem unter die Nase zu reiben, auch jenen, die davon gar nichts wissen wollen. Wenn wir uns jedoch die Mühe machen, das als unsere Absicht herauszuschälen, was wir eigentlich und wirklich wollen, dann können wir schöpfen, ändern und manifestieren – ganz nach Belieben.

Lassen Sie mich eine Geschichte erzählen, die zeigt, wie wichtig es ist, sich bewußt zu machen, worauf man sich eigentlich konzentriert: Eine Jugendfreundin meiner Frau arbeitete als Lehrerin in einem entfernten Ort auf dem Land. Die beiden telefonierten oft und ausgiebig miteinander, mit und ohne Grund. Nach so einem langen Telefonat war meine Frau einmal ganz besorgt, sie sagte, ihrer Freundin gehe es gar nicht gut, ihre Existenz sei bedroht. So schlimm, sagte ich, könne es wohl nicht sein, aber ich würde mich nach dem Essen darum kümmern. Und was war nun das Problem? Die Freundin, eine Hausfrau und zweifache Mutter, verdiente mit einem Teilpensum als Lehrerin etwas dazu. Es waren zwar nur wenige Wochenstunden, die sie unterrichten konnte, aber die Familie war dringend auf dieses Geld angewiesen.

Seit einiger Zeit war nun in der Gemeinde eine neue Schulleiterin tätig, und diese wollte unserer Bekannten die Anzahl ihrer wenigen Wochenstunden noch drastisch kürzen. Mit dem lächerlichen Überrest wäre kaum ein Zubrot in die Familienkasse zu erwirtschaften gewesen. Deshalb war unsere Bekannte voller Panik und Wut. „Profiliersüchtig“ sei die Schulleiterin und „eine blöde Kuh“, und dies waren noch die harmloseren Worte, die meine Frau an mich weitergab.

„So wird das nichts“, sagte ich. „Mit dieser Haltung wird sie genau das erhalten, was sie befürchtet, nicht mehr und nicht weniger. Sie bekommt das, worauf sie sich konzentriert, und das ist im Moment Wut, Ärger und Frustration. Wenn sie nichts ändert, wird das ihre ganze Erfahrung sein. Sie wird ihre Stunden verlieren und sich grün und blau ärgern über ihre Vorgesetzten und die Menschen im Allgemeinen."

„Was würdest du denn machen?" wollte meine Frau wissen.

„Als erstes gilt es, ihre genaue Absicht zu bestimmen. Sie muß sich bewußt sein, worauf sie sich konzentriert, und sie muß sich auf ihr Gutes konzentrieren. Sie könnte ihre Absicht zum Beispiel so formulieren: ‚Ich komme jetzt zu meinem Recht. Ich bekomme, was mir zusteht!' Diese Absicht könnte sie ein paarmal aufschreiben, denn das Schreiben bewirkt, daß sich die Absicht auf einer bestimmten Ebene bereits manifestiert. Und dann wird sie zusehen können, wie sich ihr Gutes realisiert."

Noch am gleichen Abend gab meine Frau diese Anweisungen an ihre Kollegin weiter. Diese tat wie geheißen, schrieb ihre eindeutige Absicht auf einen Zettel und legte diesen unter ihr Kopfkissen. Dies war ihr eigenes, kleines Ritual. Nun konnte sie entspannen, sie schlief recht gut und ließ den Dingen ihren Lauf.

Etwa eine Woche später meldete sie sich wieder bei uns: „Es ist alles noch viel besser gekommen, als ich es mir hätte vorstellen können", sagte sie. Sie hatte mehr Wochenstunden erhalten als je zuvor, und die „böse" Frau hatte ihr sogar noch zwei von ihren eigenen, bisher sorgsam verteidigten Unterrichtsstunden übertragen. Unsere Bekannte war begeistert, wie schnell und gründlich ihre klare Absicht gewirkt hatte.

Die Welt ist so, wie wir sie sehen. Und wenn wir unsere Sichtweise verändern, dann wird sich auch unsere Welt und unsere Lebenserfahrung entsprechend verändern. Die „Guten" sind nicht einfach „gut", die „Schlechten" sind nicht einfach „schlecht", sie sind *so, wie wir sie sehen, und sie sind das, wozu wir sie machen.* Auf eine bestimmte Weise ist also etwas Schlechtes immer *das werdende Gute.*

Auch Melanie meldete sich in Panik bei uns. Ihr war die Wohnung bereits vor einem halben Jahr gekündigt worden, nicht zuletzt deshalb, weil sie mit ihrem Vermieter immer wieder Auseinandersetzungen gehabt hatte. Eigentlich hatte sie sich nur für ihr gutes Recht eingesetzt, aber der Vermieter hatte sich persönlich angegriffen gefühlt und die Konsequenzen gezogen. Melanie hatte vom Gericht zwar Fristerstreckung erhalten, so würde sie erst in einem halben Jahr die Wohnung räumen müssen. Und nun hatte sie plötzlich eine neue Wohnung in Aussicht, die sofort bezugsbereit war.

Melanie war begeistert, aber würde der alte Vermieter sie auch so ohne weiteres gehen lassen? Sie fragte bei der Schlichtungsbehörde nach, doch da sagte man ihr, der Vertrag sei noch sechs Monate gültig, da könne sie nichts machen. Fast ein halbes Jahr lang doppelte Miete bezahlen, das war bei ihr nicht drin. Deshalb rief sie mich am Abend notfallmäßig an. Da sie wütend und enttäuscht war, waren ihre Äußerungen über ihren Vermieter nicht gerade fein: „Der läßt mich bestimmt voll auflaufen, das Schwein. Das ist so ein Macho! Wenn alles vorüber ist, sage ich ihm die Meinung, den mache ich fertig!"

Ich fragte sie: „Was genau ist deine Absicht? Streit, Konflikt, Probleme und Geldsorgen? Es muß so sein, denn dies sind die Dinge, auf die du fokussierst. Und all dies wird so prompt erfolgen wie das Amen in der Kirche, wenn du deinen Fokus und deine Einstellung nicht änderst."

Glauben Sie mir, es ist gar nicht so einfach, eine solch negative Lawine zu stoppen.

„Du bist voller Haß", sagte ich zu Melanie. „Wenn du so weitermachst, wirst du nur Haß ernten, sonst nichts." Ich riet ihr, auf Liebe umzuschwenken, den Fokus zu ändern. Einem plötzlichen Impuls nachgebend empfahl ich ihr, das Buch *Die dynamischen Gesetze des Reichtums* von Catherine Ponder, das ich in ihrem Besitz wußte, aufzuschlagen und den ersten inspirierenden Satz, den sie finden würde, zu nehmen und ein paarmal aufzuschreiben. Das wäre alles, was sie tun müsse.

Ich hängte ein und wollte gerade zu meiner Fernsehkomödie zurückkehren, als ich dachte, Melanie wäre vielleicht überfordert und würde nicht glauben, daß so einfaches Tun eine Änderung herbeiführen könnte. So beschloß ich, für sie besagtes Buch aufzuschlagen. Da fand ich auf Seite 206 die Affirmation: „Göttliche Liebe wirkt in dieser Situation jetzt auf vollkommene Weise, und alles ist gut!" Ich war beeindruckt. Unverzüglich gab ich den Satz per Telefon an Melanie weiter mit der Bitte, diesen ein paarmal niederzuschreiben.

Sie tat wie geheißen. Dann schrieb sie ihr Anliegen in einem Brief an den Vermieter und brachte ihm diesen am nächsten Tag ins Büro. Und stellen Sie sich vor: Noch am gleichen Abend rief er sie an und teilte ihr mit, daß er sie vorzeitig zum Ende des laufenden Monats, also genau wie gewünscht, aus dem Mietverhältnis entlasse. Ihr vermeintlicher „Saulus“ – die „Macho-Sau“ – war zum Paulus, dem Verkünder des Guten, geworden. Zu allem Überfluß konnte sie die neue Wohnung noch zwei Wochen vor Mietbeginn kostenlos beziehen, so daß sie in aller Ruhe kostengünstig umziehen konnte.

Aus diesen Geschichten können wir lernen:
Wenn unser Gutes unsere Absicht ist, dann wird es sich auf wunderbare Weise manifestieren!

6 Wie wir sprechen ist Ausdruck unserer Absicht

Wie wir denken und vor allem wie wir sprechen, ist Ausdruck unserer Absicht. Das Wort ist ein heiliges, schöpferisches Werkzeug, das Geist (Gedanken) in Erscheinung treten läßt. Nicht umsonst heißt es in der Bibel: Am Anfang war das Wort.

Am Anfang jeglicher Schöpfung ist das Wort, das Wort ist Programm. In alter Zeit genügte es, „das Wort zu sprechen“, um etwas in Erscheinung treten zu lassen. Das Wort wurde nur zu Schöpfungszwecken verwendet, zum Heilen, zum Ändern oder aber zum Verfluchen. Heute sprechen wir nicht mehr vom Wort, sondern von Worten oder gar von Wörtern, und wir glauben nicht mehr so ganz an deren Kraft. Wir leben in einer Wörterflut, wir sprechen die ganze Zeit, werden besprochen oder vielmehr belabert, oft richtiggehend zugelabert. „Papier ist geduldig“, sagt man, so läßt sich alles schreiben, und Politiker können uns das Blaue vom Himmel herunter erzählen, ohne daß das Gesprochene auch nur minimal mit der Realität zu tun haben muß.

Die Worte gehen zum einen Ohr hinein und zum anderen wieder heraus, alles leer. Viele Menschen reden gedankenlos daher. Gedankenlos heißt in diesem Zusammenhang: ohne sich Rechenschaft darüber zu geben, was die geäußerten Worte bewirken können oder bewirken sollten. Eine Frau im Krankenhaus beklagte sich über „dieses Irrenhaus, in dem nur Idioten arbeiten!" Wundert es Sie, daß diese Frau offenbar nicht gut betreut wurde? Mich nicht!

Worte gestalten Realität. **„Aus deinem Mund in Gottes Ohr"**, sagt der Volksmund über die Kraft des Wortes. Was du sagst und wie du sprichst, Gott läßt alles so geschehen. Je mehr wir uns der Kraft des Wortes wieder bewußt werden und das Wort bewußt einsetzen, indem wir unsere Absicht bestimmen oder etwas ändern, um so mehr wird diese schöpferische Kraft wieder zu uns zurückkehren.

Machen wir uns bewußt: Mit unserem Wort bauen wir auf, oder wir zerstören. Unser Wort ist unser verlängerter Atem, Ausdruck unserer Lebensenergie, Ausdruck unseres schöpferischen Daseins. Hören Sie sich also selbst beim Sprechen zu und ändern Sie das, was Ihnen nicht gefällt zu Ihrem Guten, zu Ihrem Wohl und zu dem Ihrer Mitmenschen. Denn eines jeden Wohl ist unser Wohl. Wohl ist Wohl, und es gibt nie genug davon!

Gutes muß geschaffen werden, es ist nicht einfach da, das weiß man schon seit alter Zeit. Zu beten, zu bitten und zu visualisieren heißt nichts anderes, als sich auf das werdende Gute zu konzentrieren und es herbeizurufen.

Früher glaubte man, für alles Gute müsse man bezahlen oder gar büßen. Und wenn einer gewinnt, müsse ein anderer verlieren. Das sind überholte Glaubenssätze aus vergangener Zeit, denen allerdings noch viele anhängen. Heute wissen wir, daß die beste aller Lösungen die ist, bei der beide oder alle gewinnen. Win-win! Oder besser: Win-win-win!! Wenn es tatsächlich unsere menschliche Absicht ist, daß alle gewinnen, dann wird sich die Welt zum Guten verändern.

Nur der Mensch spricht. –
An ***Seiner*** *Statt spricht er.*

Die Antwort der Engel

7 Die Kraft des Wortes

Schöpfung geschieht auf mehreren Ebenen. Sie entwickelt sich durch verschiedene Schichten hindurch und verdichtet sich dabei mehr und mehr bis in die grobstoffliche, materielle Form. Aus dem *Nicht-sein* oder *Nichts* bildet sich auf der kausalen oder ursprünglichen Ebene eine erste geistige Form.

Absicht entspringt aus dem reinen, makellosen Geist, ist ursprüngliches und ursächliches Sein. Absicht ist Essenz, dort wo Bewußtsein und Energie noch eins sind, wo Shiva und Shakti noch vereint sind, unmanifestiert, makellos und rein.

Aus dem Nichts beginnt etwas zu entstehen, Bewußtsein und Energie trennen sich, bleiben vereint und sind doch zwei, da eines das andere formt, während das andere die Form des einen annimmt und ausdrückt.

Während die Form der Schöpfung auf der kausalen Ebene noch sehr subtil ist, verdichtet sie sich auf der mentalen Ebene stärker, sie wird für uns Menschen bereits wahrnehmbar in Form geistiger Regungen und Gedanken. „Die Gedanken sind frei", weiß der Volksmund und drückt es in einem Lied so aus: „Die Gedanken sind frei, man kann sie nicht fassen. Kein Mensch kann sie nicht wissen, kein Jäger erschießen. Es bleibet dabei, die Gedanken sind frei."

Aber die Verdichtung geht weiter. Gedanken, die man *fassen* kann, faßt man in Worte. Worte sind erst im Kopf, dann im Mund, dann sind es Zeichen auf Felsen, auf Holz, Papier. Wenn Worte nacheinander erfolgen, entsteht Sprache, aufgezeichnet entsteht schließlich Schrift. Etwas an sich Unfaßbares und Ungreifbares wird erfaßt und in (eine) Form gebracht, vom Himmel – aus dem Nichts und aus dem Unsichtbaren – auf die Erde, in die materielle Form.

Wenn wir diesen Prozeß beispielsweise mit der Entstehung von Regen vergleichen, dann können wir uns vorstellen, wie sich hoch oben in der Stratosphäre Atome, dann Moleküle zusammenballen und schließlich durch die Luft als Regen auf die Erde fallen. „Am Anfang war das Wort", heißt es in der Genesis, „und das Wort war bei Gott." Das hebräische *Berasht* bedeutet nicht nur *Wort,* sondern auch *im Kopf.* Der Anfang allen Geschehens ist also gewissermaßen im Kopf, in den Gedanken. Schöpfung beginnt im Kopf, wissen moderne Psychologen.

Aber *das Wort ist bei Gott.* Die Gedanken sind bei Gott, nicht im Kopf. Geist ist nicht im Kopf, Geist ist überall. Der Kopf ist lediglich ein Instrument, um Geist einzufangen und in Worte zu fassen. Absicht ist Geist, und Absicht drückt sich durch Gedanken und schließlich durch Worte aus. Es ist ein Fehler zu denken, daß wir beim Kopf anfangen. Denken wir daran, wir sind in erster Linie Bewußtsein, „Geist", der sich durch einen Körper zum Ausdruck bringt.

Worte, erfaßte Gedanken, sind die erste für uns wahrnehmbare schöpferische Form. Deshalb sind Worte schöpferische Urkraft, sie stehen der Quelle der Schöpfung am nächsten. Worte fangen Schöpfung ein, bringen sie in eine Form, geben ihr Klang, Schwingung. Jedes Wort, das wir denken, erschafft etwas und bringt es einer stofflichen Entstehung nahe. Sprache verstärkt die Schwingung, und jedes Wort, das wir aussprechen, gibt dem Gedanken verstärkt Ausdruck.

Aus der Bibel wissen wir, daß Menschen früher mit der Kraft des Wortes Phänomene erschaffen haben. Moses hat das Meer trocken gelegt, Joshua hat mit Tönen Mauern zum Einsturz gebracht. Das Wort hat Kraft, oder vielmehr: das Wort *ist* Kraft. All unsere Worte sind Kraftträger, bringen schöpferische Kraft zum Ausdruck.

Alle Beispiele und Geschichten in diesem Buch handeln von der Kraft des Wortes – im Guten wie im Schlechten. Ob es sich um ein Lebensmotto handelt, um Änderungen oder Bejahungen, immer geht es um die Kraft des Wortes, das eine schöpferische Absicht zum Ausdruck bringt. Das *Wort* bestimmt, welchen Ausdruck die schöpferische Urkraft annimmt, ob „gut“ oder „böse“, und in welche Richtung sich die schöpferischen Energien entfalten. Das Wort ist der Wegweiser, es bestimmt, welchen Weg das schöpferische Geschehen nimmt.

Also sagt der Volksmund: „Der Mensch denkt, und Gott lenkt.“ Das Wort, der eingefangene und ausgedrückte Gedanke, bestimmt, welchen Weg die schöpferische Urkraft (Gott) nimmt. Worte sind der entscheidende schöpferische Faktor. Worte manifestieren ursächlich schöpferisches Geschehen.

Was auch immer wir benennen können, kann in Erscheinung treten und sich manifestieren. Was auch immer wir in Worte fassen, erhält eine Form, erhält geistige Umrisse, welche das Gefäß bilden, in dem die Manifestation entstehen kann. Gesundheit, Schönheit, Wohlbefinden, all unsere Ziele, aber auch Krankheit, Mißerfolg und Schwierigkeiten haben ihren Ursprung im Geist und den ihm Ausdruck gebenden Worten. Worte lenken schöpferisches Geschehen, das kann nicht genug betont werden.

Natürlich braucht die kosmische Entfaltung, vielmehr die Entfaltung der kosmischen Absicht, unsere Worte nicht. Das zu glauben wäre vermessen und absolut inadäquat. Die ganze Natur um uns herum, das ganze Universum ist Ausdruck der kosmischen Herrlichkeit, von Gottes schöpferischer Absicht, wenn Sie so wollen. Das Universum entfaltet sich fortwährend in einem kosmischen Reigen vor dem Hintergrund der stets gleichbleibenden Wirklichkeit, der davon unberührten kosmischen Leere. Doch was unser schöpferisches Mittun anbelangt, sind Worte das Maß aller Dinge. Mit Worten können wir den fortwährenden Strom des schöpferischen Geschehens lenken, beeinflussen, verändern, gestalten. Der Strom der schöpferischen Energie, der sich zu unserer Realität formt, wird maßgebend von unseren Worten gestaltet. Wir können uns das in etwa so vorstellen: Reine schöpferische Energie fließt durch ein Raster, wird eingefärbt, geformt, gestaltet und tritt dann je nach Einfärbung und Beeinflussung als Gesundheit oder als Krankheit in Erscheinung, als Fülle oder als Mangel. Was auch immer wir uns vorstellen können, gibt der Urenergie, dem Urlicht Farbe und Form. Worte sind ein solches Raster, sie geben der Urenergie Farbe und Form und sind so manifestierende Größen auf einer noch subtilen Ebene. (Siehe Abb. 1)

Trotz dieser subtilen und für uns unsichtbaren Ebene ist Schöpfung bereits hier vollzogen. Worte sind, einmal gedacht oder gar geäußert, „passiert", sie können nicht zurückgenommen werden. Das bedeutet wortwörtlich, die schöpferische Energie hat das prägende Raster passiert, ist durch es hindurchgegangen, Schöpfung hat stattgefunden. Noch mag es dauern, bis „das Wort Fleisch geworden ist", bis das Wort „in Erscheinung" tritt, was auch nur bedeutet, daß wir dann seine Wirkung sehen und erkennen können (wenn wir denn wollen). Oft weigern wir uns nämlich, den Zusammenhang zwischen Wort und erkennbarer Schöpfung zu akzeptieren. Auf diese Weise können wir nicht nur unsere Verantwortung für unsere Realität leugnen, wir berauben uns auch der Möglichkeit, diese zu verändern. Wofür wir nichts können, das können wir auch nicht ändern. In meinem Buch *Alles kann sich ändern* habe ich dargelegt, wie wichtig es ist, als erstes die Verantwortung für die Gegenwart zu übernehmen und anzuerkennen, daß da ein Problem ist, das geändert werden will.

Der Energie-Transformer

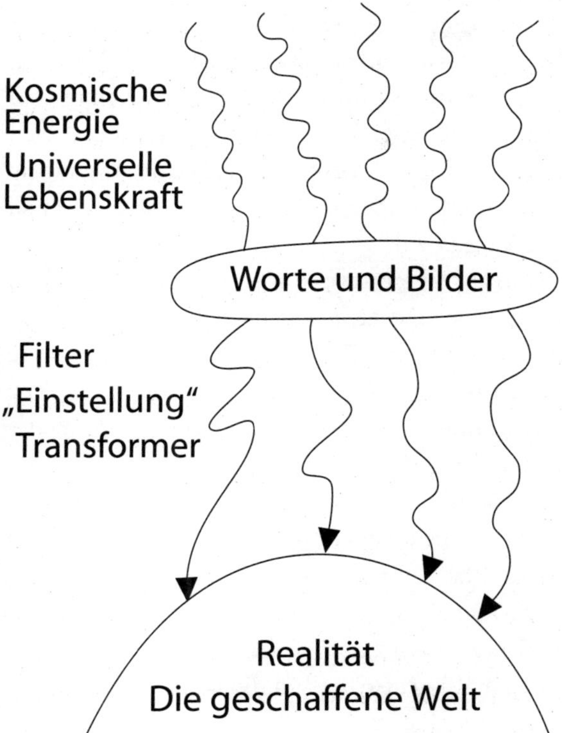

Abb. 1

Worte sind unser allererstes geistiges Werkzeug. Worte sind unser Schwert, unser Hammer und unsere „feine Klinge". Worte machen uns zu Menschen, zu schöpferischen Wesen. Unsere Worte bestimmen, wer wir sind und wohin wir gehen. Worte sind unser ein und alles. Worte sind Magie. Worte sind Macht. Worte machen unsere Welt, im Kleinen wie im Großen. Worte können einengen, und Worte können befreien. Worte können krank machen, und Worte machen auch wieder gesund.

Worte zeigen unser Urteil über die Welt. Das Wort *Urteil* ist sehr interessant. Es besagt, daß der ursprüngliche Strom der kosmischen Energie geteilt wird in *Gut und Böse.* Erinnern wir uns: Die Teilung in Gut und Böse bedeutete in der Bibel die Vertreibung aus dem Paradies, aus der ursprünglichen Einheit jenseits aller Polarität. Erst jetzt entsteht die Möglichkeit, daß überhaupt etwas böse oder schlecht wird. Sie entsteht, indem man etwas als gut oder schlecht „erkennen" und benennen kann. Erkennen und In-Worte-Fassen öffnet also die Möglichkeit differenzierter Erfahrung, aber die Crux dieser Entwicklung beinhaltet, daß nun auch das sogenannte Böse oder Schlechte mit an Bord kommt. Wo Licht ist, ist auch Schatten, so wenigstens lautete das

Paradigma der alten Zeit. Laut Kryon und den Propheten eines neuen Zeitalters ist *Mitschöpfertum* der Ausweg aus diesem Dilemma. Hier entsteht wieder Licht ohne Schatten, hier gibt es nur Gutes. Lassen wir uns ruhig davon leiten, schaffen wir fortwährend Gutes und Schönes mit unseren Worten, schaffen wir Wohlgefallen allüberall!

Worte sind also eine gestaltende Kraft, die Kraft der Hülle, die Kraft des Gefäßes. Die eigentliche Kraft, die sich durch sie ausdrückt, ist die Kraft der ABSICHT schlechthin, das eigentliche schöpferische Bewußtsein.

8 Verschreien

Wenn wir über die Kraft des Wortes sprechen, müssen wir auch das „Verschreien“ thematisieren. Vielleicht ist Ihnen dieser Ausdruck geläufig, vielleicht auch nicht. Verschreien bedeutet, etwas als erreicht zu verkünden, bevor dem tatsächlich so ist, etwas als geschafft anzusehen, das noch nicht wirklich fertig gebacken ist.

Der Volksmund sagt dazu: „Man soll den Tag nicht vor dem Abend loben.“ Er weiß aus Erfahrung: Solange der Tag noch läuft, ist noch alles möglich, kann noch allerhand passieren. Und diesen Umstand, daß noch schnell etwas passiert, bevor das Ganze gut über die Bühne gegangen ist, provoziert man durch vorzeitiges Loben und Feiern.

Eine andere Volksweisheit besagt: „Man soll das Fell des Bären nicht verkaufen, bevor er erlegt ist.“ Der Bär kann sich noch lange von dannen machen, erlegt ist er dann, wenn er erlegt ist.

Ein schönes Beispiel, wie Verschreien funktioniert, gibt Reshad Feild in seinem wunderbaren Buch *Ich ging den Weg des Derwisch*. Da macht der Schüler Reshad mit seinem Lehrer Hamid eine Reise in die Berge Anatoliens. In einem alten, klapprigen Mercedes sind die beiden unterwegs auf unbefestigten, engen und steilen Bergstraßen, und immer wieder packt den Schüler das nackte Grauen, wenn sie gerade mal wieder knapp an einem Abgrund oder einem bedrohlichen Felsen vorbeigeschrammt sind. Endlich atmet er auf, denn etwas weiter unten sieht er in der Abenddämmerung die befestigte Straße vor sich. „Jetzt haben wir es geschafft!" ruft er erleichtert und lehnt sich im Beifahrersitz zurück. In diesem Moment gibt es einen lauten Knall, die Hinterachse des Wagens bricht jäh beim Überrollen eines kleinen Felsbrockens. Die beiden müssen die Nacht im Wagen verbringen, da erst am nächsten Tag Hilfe kommt – eine gute Gelegenheit für den Meister, dem Schüler die Wirkung des Verschreiens zu erklären.

Etwas Schwieriges ist am Entstehen, der schöpferische Prozeß ist in vollem Gang, die Absicht hält die schöpferischen Kräfte am Arbeiten, vielleicht ist gar volle Konzentration gefordert, um ein Geschehen gut über die Bühne zu bringen. Wenn wir nun das schöpferische Geschehen *vor* seinem Ende abschließend loben – „Jetzt ist es geschafft, das war gut!" – dann beenden wir (meist unbewußt) die Konzentration auf das Werden und Entstehen. Die Aufmerksamkeit wird zurückgezogen, und das, was da entstehen soll, fällt oftmals ganz einfach in sich zusammen, weil die tragenden Kräfte fehlen. Es ist, als ob das Universum zu seinen Mitarbeitern – den schöpferischen Kräften – sagen würde: „Okay, das war's. Ihr könnt nach Hause gehen. Wir haben soeben die Mitteilung erhalten, daß das gewünschte Ziel erreicht ist." Die Mitarbeiter lassen alles stehen und liegen, ziehen sich zurück, gehen nach Hause. Und dann droht plötzlich alles einzustürzen!

Klar, wir freuen uns halt manchmal einfach, wenn alles so gut läuft. Dann laufen wir Gefahr, den „Tag vor dem Abend zu loben" oder ein Ereignis vor seinem glücklichen Ende! Und schon sind wir in Schwierigkeiten, die wir selbst mit der Kraft des Wortes herbeigeredet haben.

Vielleicht erinnern Sie an die in *Alles kann sich ändern* erzählte Geschichte von unserer Reise in die Vereinigten Arabischen Emirate, als meine Frau und ich innerhalb von 24 Stunden drei Hindernisse überwinden und ändern mußten, um heil und rechtzeitig nach Hause zu kommen. Das letzte Hindernis war ein überbuchtes Flugzeug, das uns nicht mehr mitnehmen konnte nach Europa. Dank des erfolgreichen Änderns kamen wir mit lediglich zwei Stunden Verspätung nach Hause, dafür aber mit einem Upgrade in die Businessklasse und einem zusätzlichen, geschenkten Freiflug.

Als wir am Ende unserer nächsten Reise in die Emirate wieder frühmorgens auf dem Flughafen in Dubai für den Rückflug eincheckten, lief alles wie am Schnürchen. Natürlich hatten wir unsere Absicht im voraus klar bestätigt, daß alles glatt gehen würde mit unserer Rückreise. Nun hatten wir also das Gepäck abgegeben und waren auf dem Weg zum Security-Check, als ich übermütig zu meiner Frau sagte: „Es gibt relativ wenig Widerstand gegen unsere Heimreise.“

Beim Security-Check mußte ich gleich darauf meine Jacke ausziehen, Handy, Schlüssel und dergleichen abgeben, und so faßte ich mir erst nachher an die Nase, um das zu ändern, was ich eben so unbedacht geäußert hatte. Wir gingen durch den weiten Flughafen zu unserem Gate, wo wir in Ruhe noch einen Kaffee trinken wollten. Beim Bezahlen stellte ich erschreckt fest, daß meine Geldbörse nicht in der Gesäßtasche steckte, in der sie hätte sein sollen. Sie war auch in keiner anderen Tasche und nicht im Handgepäck. Ich brach in Panik aus, in gut zehn

Minuten würde unser Flug ausgerufen werden, und jetzt noch auf die Schnelle Karten sperren und dergleichen – wie sollte das denn gehen? Und wo könnte mein Portemonnaie überhaupt sein? Diese Frage richtete ich an meinen „inneren Computer". Hatte ich es im Taxi beim Bezahlen liegengelassen, oder war es im Gedränge des Anstehens geklaut worden?

Der innere Bildschirm zeigte mir das Bild des Security-Check, kurz nachdem ich den problemlosen Verlauf dieses Morgens frühzeitig gelobt und dadurch verschrien hatte. Am Security-Check hatte unmittelbar vor mir eine junge Europäerin ihre hohen Stiefel ausziehen müssen und diese samt ihren nicht sehr frisch aussehenden Socken in einen bereitgestellten Plastikbehälter gelegt. Ich selbst legte mein Portemonnaie in einen kleinen Behälter und mein Handgepäck, in dem sich auch mein Handy und die Schlüssel befanden, aufs Band. Um die gestiefelte Lady zu überholen, hatte ich nach dem Durchleuchten schnell mein Handgepäck gegriffen und war weitergegangen. Mein Portemonnaie blieb in der Eile zurück. Nachdem ich nun wußte, wo es war, raste ich durch den ganzen weiten Flughafen zurück. Mein Portemonnaie war noch da, Gott sei Dank. Als ich wieder zu unserem Gate kam, waren die Passagiere gerade dabei, einzusteigen. Der Mann neben mir hatte etwas vergessen, und ich hörte, wie eine Stewardess zu ihm sagte: „Dazu bleibt jetzt keine Zeit mehr, wir werden gleich starten." Ich wußte, ich hatte mein Glück verschrien, war aber nochmals mit einem blauen Auge davongekommen.

Während des schöpferischen Prozesses sollten Sie also Ihre Absicht hochhalten, indem Sie beispielsweise bekräftigen: „Alles geht gut, sehr gut." Sobald Sie jedoch vorzeitig verkünden: „Wir haben es geschafft", ist die Gefahr groß, daß alles schief läuft.

Ins gleiche Kapitel gehört auch, daß wir unsere Projekte nicht verkünden sollen, bevor sie erfolgreich unterwegs oder gar abgeschlossen sind. Wir wollen ja vermeiden, unbewußt die schöpferischen Kräfte abzuziehen, die noch zum „Backen" des Gewünschten gebraucht werden. Hüten Sie sich also davor, Ihren Tag vor dem Abend zu loben oder das Fell des Bären zu verkaufen, bevor er erlegt ist. Denn die Kraft Ihres Wortes wirkt in jedem Fall: im Guten wie im Schlechten.

Anläßlich der Fußball-Weltmeisterschaft 2006 im eigenen Land spielte sich die deutsche Mannschaft auf eine begeisternde Art bis ins Halbfinale. Das ganze Land war aus dem Häuschen, plötzlich und unerwartet sah man gar den Weltmeistertitel in Griffweite. In einem Fernsehinterview vor dem Halbfinalspiel gegen Italien sagte Bundestrainer Jürgen Klinsmann: „Wir können die Italiener schlagen, *und das werden wir auch tun!*" „Oh, oh", dachte ich bei mir, „wenn das nur gut geht!" Und tatsächlich: Am nächsten Tag verlor die deutsche Elf trotz eines beeindruckenden und erneut begeisternden Spiels in den letzten Minuten der Verlängerung 2:0. Beide Teams hätten gewinnen können und den Sieg verdient gehabt, doch am Ende wurde Deutschland noch auf der Ziellinie abgefangen. Glauben Sie mir: Auch ein Bundestrainer sollte den Tag nicht vor dem Abend loben und eine noch offene Zukunft nicht „verschreien".

Auch wenn es wichtig ist, *nach innen* die Realität des Sieges als vollzogen zu bestätigen und daran keinen Zweifel zu lassen, so ist es doch etwas gänzlich anderes – und eben entsprechend gefährlich –, diese Vision im voraus *nach außen* als Ergebnis vorwegzunehmen. Worte *schaffen* Realität, aber wenn wir ein Ergebnis im voraus *verschreien*, dann bewirken wir genau das Gegenteil. Wenn wir das Fell des Bären verkaufen, bevor er erlegt ist, erweisen wir uns im wahrsten Sinn des Wortes einen Bärendienst!

9 Selbsterfüllende Prophezeiungen

Selbsterfüllende Prophezeiungen demonstrieren die Kraft des Wortes auf eindrückliche Weise. Es handelt sich dabei um Aussagen oder Behauptungen, die gemacht werden, ohne daß ein Realitätsbezug besteht, das heißt, eine entsprechende Realität ist nicht in Sicht. Durch die gemachte Aussage wird diese Realität jedoch heraufbeschworen und dadurch über kurz oder lang herbeigeführt: Die Aussage oder Prophezeiung erfüllt sich sozusagen von selbst.

Um die Weihnachtszeit waren wir bei einem benachbarten Ehepaar zu Gast. Obwohl nicht mehr ganz jung, waren beide gut beieinander, agil, gesund und munter. Es war ein schöner Besuch, wir tafelten, saßen beim Weihnachtsbaum, den die Tochter des Hauses bei einem Besuch künstlerisch geschmückt hatte, und tauschten manch eine Geschichte aus. Zum Ende unseres Besuches wollten wir noch beim Abwaschen helfen, doch der Hausherr schlug jede Hilfe aus. „Die Spitex macht‘s dann schon“, waren seine Worte. Die Spitex ist die ambulante Spitalhilfe, die es älteren Menschen ermöglicht, in ihren Wohnungen zu bleiben, auch wenn sie sich nicht mehr ganz selbst versorgen können. Bei unserem Ehepaar war noch nie Hilfe nötig gewesen, um so erstaunter reagierte ich auf diesen, in meinen Augen ganz blöden Spruch. Ich gab zu Bedenken, dieser Spruch könne fatale Folgen haben, man müsse schließlich auf seine Worte achten. Aber Hannes, so hieß der Hausherr, fand ihn offenbar ganz lustig. Denn auch auf unsere abschließende Frage, ob wir ihnen dann in ein paar Tagen beim Abschmücken des Baumes helfen sollten, lautete die Antwort: „Die Spitex macht's dann schon." Nun gut, dachte ich, wem nicht zu raten ist …

Etwa ein Monat später lag Schnee auf der Straße, als Hannes frühmorgens eilig zum Bahnhof wollte. Er glitt auf einer Eisfläche aus und fiel schmerzhaft aufs Hüftgelenk. Es dauerte eine geraume Zeit, bis ihn jemand fand und die Ambulanz benachrichtigte. Schließlich erhielt Hannes ein neues Hüftgelenk, und nach einem längeren Spital- und Kuraufenthalt erledigte die Spitex zuhause alles, was er nun nicht mehr selbst erledigen konnte. So hatte sich die locker vom Hocker geäußerte Aussage als Prophezeiung erwiesen, die sich sozusagen binnen Monatsfrist selbst erfüllte.

Sonja war beim Zahnarzt zur Routinekontrolle. Die Füllung eines Zahns war locker und mußte ersetzt werden. Der Zahnarzt verabreichte Sonja eine Spritze und verrichtete seine Arbeit. Beim Verabschieden meinte er: „Nach ein paar Tagen könnten noch Schmerzen auftauchen.“ „Wie meinen Sie?“ wollte Sonja genauer wissen. „Ach, nichts Besonderes. Die neue Füllung könnte Ihnen einfach nach ein paar Tagen eine Zeit lang weh tun.“

Am nächsten Tag fuhr Sonja in die Ferien, und zwei Tage später begann der behandelte Zahn plötzlich zu schmerzen. „Genau wie der Zahnarzt gesagt hat“, konstatierte sie für sich selbst. Doch dann realisierte sie, daß ihr Unterbewußtsein die Aussage des Zahnarztes als Prophezeiung verstehen konnte, und sie änderte ihre Erwartungshaltung umgehend. „Es kann sein, daß mein Zahn noch weh tut, und das kann sich ändern. Ich will, daß dieses Problem verschwindet“, lautete ihre Formulierung. Sie verankerte die neue Absicht rituell und achtete nicht mehr auf die Schmerzen. Diese waren tatsächlich wie weggeblasen und kamen nicht mehr zurück. Offenbar hatte also die gut gemeinte Aussage des Zahnarztes ihr KU, ihr Körper- und Unterbewußtsein, in eine Erwartungshaltung versetzt und dieses veranlaßt, eine entsprechende Realität zur angegebenen Zeit zu manifestieren.

Wir sollten uns der Kraft des Wortes stets bewußt sein. Worte haben grundsätzlich die Fähigkeit und die Tendenz, sich zu verwirklichen. Und wir sollten uns hüten, irgendwelche Prophezeiungen loszutreten und die entsprechenden Erwartungshaltungen in Gang zu setzen: „Hoffentlich habe ich mich nicht verkühlt“, und „Hoffentlich habe ich mich nicht angesteckt“, sind passende und häufige Beispiele. Wenn uns jemand anders eine solche negative Prophezeiung unterschiebt, dann sollten wir diese schleunigst ändern. Jemand könnte beispielsweise zu einem unserer Vorhaben sagen: „Du wirst keinen Erfolg haben“, oder „Das wird böse enden.“ Dann sollten wir unseren Erfolg oder das gute Ende einer Sache sofort bewußt bekräftigen. Wir können beispielsweise sagen: „Allen Unkenrufen zum Trotz, ich habe großen Erfolg in dieser Sache und allen meinen Angelegenheiten.“ Auch dies ist eine Prophezeiung, die sich selbst erfüllen wird, diesmal allerdings zu Ihren Gunsten.

Bestimmt ist Ihnen auch schon aufgefallen, wie viele Leute gedankenlos daherreden. Wenn sie sich selber zuhören würden, würde ihnen vielleicht davor grausen, was für Realitäten sie damit selbst in Erscheinung rufen. Viele Leute sprechen dauernd von dem, was sie nicht wollen, von dem, was sie erlitten haben, und davon, was Schreckliches passiert ist. **Wir erschaffen aber immer das, worauf wir uns konzentrieren und womit wir uns beschäftigen, ob uns dies gefällt oder nicht. Worte sind stets schöpferisch, sie tragen die Kraft der Verwirklichung in sich.**

Wenn sie Zeuge von so dummem Geschwätz sind, distanzieren Sie sich innerlich sofort davon und bekräftigen Sie Ihr Gutes. Wenn jemand sagt: „Es ist wieder Grippezeit, es kommt eine richtige Epidemie auf uns zu" – genauso wie die Leute manchmal reden –, dann bekräftigen Sie umgehend: „Ich komme gut und unbeschadet durch den Winter. Ich bin stets gesund und wohl, und nichts kann mir etwas anhaben!"

Ergreifen Sie Partei, denn Ihr KU, Ihr Körper- und Unterbewußtsein, hört stets mit und könnte auf solche Äußerungen ansprechen, wenn Sie nicht bewußt gegensteuern. Bekräftigen Sie Ihre *eindeutige Absicht*, stets gesund zu sein. Bekräftigen Sie, was auch immer Ihre eindeutige Absicht ist.

Wenn die Leute reden: „Das ist halt so im Alter, da mag man nicht mehr, da kommt so einiges auf einen zu" oder was auch immer, dann distanzieren Sie sich in aller Form sofort davon. Schaffen Sie für sich selbst andere Prophezeiungen, was das Alter anbetrifft. Bekräftigen Sie zum Beispiel: „Mein Lebensabend ist eine wunderbare, glückliche und erfüllte Zeit. Ich genieße meine Gedanken und Gefühle und erfreue mich all meiner körperlichen Fähigkeiten. Ich liebe das Leben und das Leben liebt mich."

Wenn Sie Single sind und gerne eine Partnerschaft hätten und zu hören bekommen: „Es ist halt schwierig, den richtigen Partner zu finden", dann gehen Sie sofort auf Distanz zu dieser Aussage und bekräftigen Sie für sich selbst: „Ich finde zur richtigen Zeit den richtigen Partner für mich. Alles läuft bestens für mich, jetzt und immer!"

Lernen Sie, „Nein" zu sagen zum ganzen kollektiven Unsinn, der so dahergeredet wird. Schaffen Sie sich eine in jeder Hinsicht erfüllte Realität, auch wenn Sie notfalls gegen den Strom schwimmen müssen. Das kollektive Gejammer, das kollektive Elend, in dem sich die Menschen auf dem tiefsten gemeinsamen Nenner „verbrüdern", muß nicht Ihre Welt und Ihre Erfahrung sein. Erheben Sie sich aus dem kollektiven Elend und schaffen Sie Ihr Paradies auf Erden, dessen Möglichkeit schon der Buddha angedeutet hat:

Wahrhaftig: diese Erde – das Paradies!
Wahrhaftig: dieser Körper – das Werkzeug
der Vollkommenheit!

10 Ein Lebensmotto

Dies ist die Geschichte von Paula, einer jungen Studentin. Einerseits war sie sehr lebenslustig, andererseits war sie auch sehr ernst, denn immer wieder, mit und ohne Zusammenhang, pflegte sie zu sagen: „Das Leben ist hart." Dieser Satz entwickelte sich bei ihr zu einer gängigen Redensart, wurde zu einem, wie man sagt, „geflügelten Wort", obwohl eine solche Aussage eigentlich eher zu Boden zieht, als Flügel zu verleihen.

Und für Paula *war* es hart und schwer, sie selbst machte es sich hart und schwer. Ihr Rucksack, den sie immer bei sich hatte, war stets prallvoll mit Büchern, Schminksachen und anderen Utensilien, die sie vielleicht unterwegs hätte brauchen können. Als ein Laptop hinzukam, den sie sinnigerweise „Schlepptop" nannte, war das Leben noch schwerer geworden. Da sie eher klein von Statur war, drückte sie ihr permanentes Gepäck fast in den Boden hinein. Hart und schwer war das Leben auch sonst in mancherlei Hinsicht, besonders bei Entscheidungen. Da tat sich Paula oft so schwer, daß der richtige Zeitpunkt manchmal verstrichen war, wenn sie sich endlich festlegen konnte. So hinkte sie den Ereignissen in ihrem Leben oftmals hinterher, was ihr Leben noch härter machte. Trotzdem, vielleicht auch jetzt erst recht, ließ sie immer wieder verlauten: „Das Leben ist hart."

Als ihr Leben zusammen- und ihre Beziehung zerbrach, machte sie eine längere Reise nach Südamerika, wo sie mit einer anderen Art von Lebensfreude und Gelassenheit konfrontiert wurde. Sie ließ sich anstecken, begann leidenschaftlich zu tanzen, und als sie nach Europa zurückkam, war sie wie verwandelt. Natürlich gab es einiges zu regeln, aber nie mehr war von ihr zu hören „Das Leben ist hart". Wann immer etwas harzte oder klemmte, sagte sie vielmehr „tranquillo", ein spanisches Wort, das so viel wie *ruhig, gelassen oder easy* bedeutet. „Tranquillo" war nun ihr geflügeltes Wort, und ruhig entfaltete sich ein wunderbares Leben für sie. Die ganze Energie hatte sich gedreht. Alles begann zu fließen. Paula fand neue Freunde und einen erfüllenden Job bei einem tollen Unternehmen. „Tranquillo" löste sie die anfallenden Probleme und Herausforderungen. Und sie war nicht mehr bis zum Umkippen beladen, sondern reiste mit leichtem Gepäck durch ihr Leben.

So ergeben unbedacht oder unbewußt geäußerte und wiederholte Absichten oft ein Lebensmotto, das uns in eine bestimmte Realität hineinführt. Achten Sie auf Ihre Sprüche, Ihre Wiederholungen, Ihre geflügelten Worte, und achten Sie vor allem auf deren Wirkung. Wenn Sie Ihr Motto gefunden haben und es Ihnen nicht gefällt oder Ihnen nicht gerade gut tut, dann können Sie es ändern, so wie Paula. Natürlich können auch Sie nach Südamerika reisen, das wird Ihnen bestimmt gut tun, aber ändern können Sie auch einfach in Ihrem Bewußtsein. Schnell, billig und effektiv!

11 Eine nicht eindeutige Absicht

Absicht ist das lenkende Bewußtsein, das die Energieströme des Universums und des Lebens dirigiert. Jede noch so kleine Absicht entfaltet eine Wirkung, und einander entgegengesetzte Absichten können sich gegenseitig aufheben und in ihrer Wirkung neutralisieren. Was dabei herauskommen kann, ist jenes Durcheinander des Lebens, das wir mancherorts beobachten können. Lassen Sie mich dazu ein Beispiel erzählen.

Brigitte ist Hausfrau und Mutter von drei schulpflichtigen Kindern. Sie arbeitet auch noch in ihrem Beruf als Lehrerin, und diese Doppelbelastung fordert sie ganz schön. Vor einigen Jahren nun hatte die Familie Skiurlaub in den Bergen gebucht. Obwohl Brigitte leidenschaftlich gerne Ski fährt, freute sie sich nicht so recht auf die bevorstehenden Ferien. Sie war müde und ausgelaugt, konnte etwas Ruhe gebrauchen. Trotzdem wollte sie nicht zuhause bleiben, denn sie freute sich sehr aufs Skifahren.

Ihre Absicht war nicht eindeutig. Einerseits wollte sie Skifahren, was für sie hieß, von früh bis spät auf den Brettern zu stehen und die Hänge rauf und runter zu gleiten, andererseits wollte sie ausruhen, für sich allein sein, entspannen.

Und was denken Sie, was dieses Dilemma in Brigittes Absicht bewirkt hat? Sie fuhr zwar mit ihrer Familie in die Berge, stürzte aber gleich am ersten Tag so unglücklich beim Skifahren, daß sie sich die Schulter ausrenkte. Nun war Ruhe angesagt, und Brigitte konnte die Ferientage in ihrem Zimmer im Hotel verbringen, konnte entspannen, lesen – was auch immer sie wollte. Auf diese Weise hatte sie ihre Realität so zurechtgebogen, daß sie ihren widersprüchlichen Absichten entsprach. Natürlich hätte sie bewußt entscheiden können, was genau sie eigentlich wollte, aber dazu hätte sie über ihre geistigen Fähigkeiten und Möglichkeiten besser Bescheid wissen müssen. Und da dies nicht der Fall war, wiederholte sich die Geschichte ein Jahr später auf fast die gleiche Weise.

Wieder waren Familienferien angesagt, und wieder fühlte sich Brigitte müde, überarbeitet und erholungsbedürftig. Und wieder konnte sie ihre Bedürfnisse und ihre Absichten nicht klar ausdrücken. Sie wollte eben beides, und mit diesem Dilemma und mit dieser Unklarheit ging sie auch im zweiten Jahr auf die Piste. Diesmal fiel sie nicht auf die Schulter, sondern überdehnte sich gleich am ersten Tag die Bänder am Knie, so daß sie wiederum ein paar Tage vom Skifahren pausieren mußte. Und während ihr Mann mit den Kindern die Hänge rauf und runter fetzte, ließ es sich Brigitte im Hotel gut gehen. Da ihr die Zusammenhänge des Geschehens nicht bewußt waren, tat es ihr natürlich „leid“, nicht mit den andern Ski fahren zu können.

Noch immer hatte Brigitte nichts aus diesen Ereignissen gelernt. Als ein Jahr später wieder der Skiurlaub nahte, zog sie sich vorsorglich gleich aus dem Verkehr, indem sie eine schwere Grippe entwickelte, die mit Antibiotika behandelt werden mußte. Sie konnte die Reise in die Berge zwar mitmachen, aber an sportliche Aktivitäten war vorerst nicht zu denken. Der Arzt hatte ihr Ruhe verordnet. So war alles wie gehabt, und Brigitte verbrachte erneut ihren Skiurlaub ruhend im Hotel.

Von außen betrachtet sieht Brigittes Dilemma vielleicht lächerlich aus, und wir denken, warum hat sie nicht einfach gesagt, was sie wollte. Etwas später nachreisen vielleicht oder zuhause entspannen und nur am Wochenende Ski fahren gehen oder einfach mit der Familie mitreisen in der Absicht, es sich im Hotel wohl sein zu lassen.

Aber viele Menschen sind es nicht gewohnt, eindeutige Absichten zu kultivieren. Sie wissen oft selbst nicht, was sie genau wollen, oder sie wollen vielleicht alles, und alles geht möglicherweise nicht.

Ich habe einmal einen Radfahrer beobachtet, der sich einer Verkehrsinsel näherte. Weil er sich nicht entscheiden konnte, ob er links oder rechts am Hindernis vorbeifahren wollte, fuhr er mitten ins Hindernis hinein und stürzte schwer. Dies ist ein radikales Beispiel für eine nicht eindeutige Absicht. Eine nicht eindeutige Absicht führt zu einer Art **innerer Zerrissenheit**. Die Energien und auch die geschaffenen Realitäten neutralisieren sich gegenseitig. So ist Brigittes Urlaub weder Fisch noch Vogel, weder dies noch das.

Eine weitere Folge einer nicht eindeutigen Absicht habe ich vor kurzem in Kroatien beobachtet. Ein kleines Boot ankerte am Ufer einer idyllischen Badeinsel, und die Mannschaft begann ihre Habseligkeiten zum Baden an Land zu bringen. Vom Boot aus warf man die Badesachen einfach an Land, wo sie jemand auffing. Eine Frau wollte nun einen Rucksack einem schon an Land stehenden Kollegen zuwerfen. Sie war schon in der Bewegung des Werfens begriffen, als eine andere rief: „Nicht den Rucksack mit der Kamera!“ Ein Teil der Frau warf also den Rucksack, ein anderer Teil hielt gleichzeitig zurück. Und das Ergebnis? Mit einem lauten „Patsch!“ fiel der Rucksack mitsamt der Kamera ins Meer!

Was ich hier so flockig erzähle, hat im Leben oft schwerwiegende Konsequenzen. Ob wir an unser Ziel gelangen oder auf halbem Weg versauern, ob wir Erfolg haben oder mit unseren Absichten „baden gehen“, hängt stark von der Klarheit und der Eindeutigkeit unserer Absicht ab. Allzu oft wollen wir Vieles, vielleicht Gegensätzliches, und möglichst gleichzeitig. Wir wollen vielleicht einfach ausprobieren, doch das kann gefährlich sein. Denn all unsere Absichten haben Konsequenzen, nämlich ihre Verwirklichung. Und es liegt an uns, uns darüber Rechenschaft abzugeben, ob unsere Absichten tatsächlich zu dem von uns gewünschten Leben führen.

Papst Johannes Paul II. hat einmal, an die Jugend gerichtet, gesagt: „Ihr könnt nicht auf Probe leben, so wie ihr nicht auf Probe sterben könnt.“ Ich verstehe diesen Satz so, daß wir unsere Absichten benennen und uns zu ihnen bekennen sollen. Denn unsere Absichten bestimmen, was sich in unserem Leben verwirklichen soll und verwirklicht.

„Deine Rede sei ja, ja; nein, nein“, heißt es in der Bibel. Deine Absichten seien klar, entweder ja oder nein. Nicht: entweder-oder. Mit entweder-oder kriegt man nichts Rechtes gebacken. Mit entweder-oder ist eine Bruchlandung ziemlich wahrscheinlich. Wenn Ihre Absichten nichts zu bewirken scheinen, dann werden sie womöglich von anderen Absichten neutralisiert. Auf diese Weise können Sie sich selbst und Ihr Fortkommen sabotieren. Klären Sie Ihre Absichten. Bestimmen Sie, was Sie genau wollen, denn nur so können Sie es auch bekommen.

12 Eine Absicht installieren

Wir erfahren unser Leben als Kontinuum. Ein Tag folgt auf den anderen, und wir rechnen in Wochen, Monaten, Jahren. Alles ist für uns eine Abfolge von Zeit. Wir sehen, was war, in der Vergangenheit, und wir projizieren, was sein wird, in die Zukunft.

Im Grunde ist Zeit eine Täuschung, eine Illusion. Die Inder sprechen von Maya und meinen das Rad der Zeit, das uns wie ein Spinnrad umgarnt und gefangennimmt. Auch ein Film ist eine Illusion, denn er besteht aus unzähligen einzelnen Bildern, und allein ihr schneller Ablauf vermittelt uns die Illusion eines zusammenhängenden Ganzen. Im Grunde ist es nur *ein Bild jetzt,* das existiert, und wieder eins und wieder eins und so weiter. Augenblick folgt auf Augenblick, Moment auf Moment, Jetzt auf Jetzt. *Jetzt* ist alles, was es gibt, und alles, was es gibt, ist *jetzt.* Jetzt ist *der* schöpferische Augenblick, und alle Schöpfung ist *jetzt.* Was ist, ist, und was nicht ist, ist nicht.

In jedem Augenblick geschieht Schöpfung, und in jedem Augenblick jetzt geschieht die ganze

Schöpfung neu. Und da sie in jedem Augenblick neu geschieht, kann sie in jedem Augenblick ganz anders sein. Alles kann in jedem Augenblick ganz anders sein. Jeder Augenblick ist eine neue Schöpfung. Jeder Augenblick ist wie ein neues, weißes, unbeschriebenes Blatt, auf welchem Absicht sich zu erkennen gibt. Jeder Augenblick gestaltet sich neu und kann aufs neue gestaltet werden. Entgegen unserem Gefühl von Kontinuität ist stets alles offen, formbar, gestaltbar und ewig neu. Absicht äußert und manifestiert sich immer *jetzt*.

Wie jeder Augenblick eine einzigartige Schöpfung ist, so ist in besonderem Maße auch jeder Tag eine neue Schöpfung, und Schöpfung geschieht an jedem Tag neu. Genau wie in der Schöpfungsgeschichte der Bibel: Die Sonne geht auf, die Sonne geht unter: ein guter Tag. Und Gott schuf dies, und Gott schuf das: ein guter Tag. Auch wir erschaffen uns und unsere Realität neu von Tag zu Tag. Wir müssen uns bewußt sein, daß wir jeden Tag alles vollkommen neu erschaffen und gestalten können. Es gilt, das Neue, das Potential des Neuen, zu sehen und zu beanspruchen. Denn jeder Tag ist ein neuer Tag.

In vielen Kulturen – beispielsweise der jüdischen – beginnt der neue Tag mit dem Sonnenuntergang. Sobald die Sonne verschwunden ist, beginnt der neue „Tag“. Dies ist sehr bedeutsam. Die alten Kulturen waren sich dessen bewußt, daß Schöpfung mit dem Unsichtbaren beginnt. Erst kommt das Unsichtbare, dann das Sichtbare. Das Unsichtbare ist der Geist, das Bewußtsein, aber auch die Nacht. Das Sichtbare ist die manifestierte, sichtbare Realität, der Tag oder „Alltag“ des Menschen. Und die alten Kulturen wußten auch, daß Schöpfung im Unsichtbaren verursacht wird, daß die Ursachen im Unsichtbaren, im Geist, gesetzt und gesät werden. Aus diesem Grund wurde die Zeit des Unsichtbaren, die Nacht, mit der Ausgestaltung von Absicht genutzt, nämlich mit Gebet, Ritual und Meditation. Mit dem Sonnenuntergang begann die Zeit der schöpferischen Planung, des Ausrichtens auf das, was „morgen“, am neuen Morgen, geschehen sollte. Am Abend haben diese Kulturen den geistigen Acker vorbereitet und gepflügt, auf daß ihre Absichten werden und gedeihen sollten.

Auch heute noch ist der Abend und die Nacht die beste Zeit, um eine Absicht zu installieren und auf der kausalen Ebene einzuspeisen. Was auch immer Sie dem Unsichtbaren eingeben, wird im Sichtbaren manifest werden und in Erscheinung treten. Was Sie morgen zu erleben beabsichtigen, sollten Sie am Abend oder in der Nacht einspeisen und als Samen verankern. Denn jeder Tag ist eine neue Schöpfung, und an jedem Tag ist alles möglich.

13 Die Kraft des Schreibens

Wenn wir unsere Worte aufschreiben, können wir dadurch ihre Kraft verstärken und sie der Verwirklichung näher bringen. Das Aufschreiben unserer Absichten, Visionen, Ziele, Bestellungen, Bejahungen und Bekräftigungen bringt sie in eine verdichtete Form. Die Absicht zeigt sich auf Papier, sie wird konkret – „aus-form-uliert“, wie wir sagen. Das Aufschreiben zwingt uns förmlich, unsere Absichten und Ziele auszuformulieren, zu konkretisieren. Das gesprochene Wort ist noch nicht sichtbar, jetzt im Schreiben wird der Inhalt zum ersten Mal sichtbar gemacht. Und von hier ist es schon bedeutend weniger weit bis zur reellen Manifestation, zur konkreten Erschaffung.

Was uns wirklich wichtig ist, schreiben wir auf, halten es schriftlich fest. Verträge zum Beispiel werden meist schriftlich fixiert, damit sie auch gelten und man später nachsehen kann, ob sie auch eingehalten werden. Wenn Absichten und Ziele aufgeschrieben werden, kann man später überprüfen, ob sie sich verwirklicht oder ob wir sie erreicht haben. Aber beim Schreiben geht es um mehr als um das. Es geht darum, etwas, was noch unmanifestiert ist, herunterzuholen aus dem reinen Geist, es einzufangen, zu bannen – auf Papier zum Beispiel –, damit es uns nicht wieder ins Unfaßbare entgleitet. Wenn wir unsere Absichten aufschreiben, geschieht Schöpfung. Wenn wir unsere Visionen festhalten, geschieht Schöpfung.

Die Gefahr, daß uns eine Idee wieder entschwindet, ist durchaus real. Eine Absicht kann uns wieder abhanden kommen, ein Gedanke oder ein Wunsch hat vielleicht zu wenig Durchschlagskraft, um sich einfach so zu verwirklichen. Schreiben hilft uns, „Geist" einzufangen, auf die Erde zu bringen und sichtbar zu machen.

Viele Autoren von Leonard Orr bis hin zu Catherine Ponder haben von der Kraft des Schreibens und den wunderbaren Ergebnissen berichtet, die durch das Schreiben erzielt werden können. Wenn eine neue Absicht installiert werden soll, ist es empfehlenswert, sie aufzuschreiben. Schriftliche „Bestellungen" sind nun mal zuverlässiger als mündliche. Beim mündlichen Bestellen kann leicht etwas durcheinander gebracht werden. Was niedergeschrieben ist, steht da, schwarz auf weiß. Da gibt es nichts dran zu rütteln. Eine schriftliche Bestellung gilt.

Wenn Sie ein „fauler Schüler" oder eine „faule Schülerin" sind, die mit dem Lernen in der Schule des Lebens etwas Mühe haben, dann empfiehlt sich Schreiben unbedingt. Und zwar wiederholtes Schreiben. Wie einst in der Volksschule, als renitente Schüler den gleichen Satz zwanzig- oder hundertmal schreiben mußten:

Ich lerne leicht und schnell. Ich lerne leicht und schnell. Ich lerne leicht und schnell... (20x).

Das Leben meint es stets gut mit mir. Das Leben meint es stets gut mit mir... (100x)

Die Welt ist ein wunderbarer Ort. Die Welt ist ein wunderbarer Ort... (40x)

Sehen Sie, worum es geht? Wenn wir „schwer von Begriff" sind, dann lohnt es sich (oder es ist vielmehr notwendig), eine Aussage mehrmals zu wiederholen. Durch die Wiederholung sinkt sie schließlich ins Unterbewußtsein hinab und wird von diesem als gültig akzeptiert, wodurch der Weg zur Verwirklichung offen ist. Zum einen geben wir also mit dem Schreiben einem Gedanken eine Form, und gleichzeitig überzeugen wir unser Unterbewußtsein, diesen als neue Realität zu akzeptieren. Schreiben ist damit ein Trick, Widerstand gegen etwas Neues auszuräumen **und** etwas Neuem eine Form zu geben.

Es war Ende Januar und tiefster Winter mit viel Schnee und kalten Temperaturen. Ich hatte am nächsten Tag früh morgens eine wichtige Sitzung in einem entfernten Ort, und weil ich wissen wollte, wie das Wetter wird, schaute ich mir im Fernsehen den Wetterbericht an. Dieser kündigte heftige Schneefälle an, besonders für die Nordwestecke der Schweiz, wo ich hinfahren wollte, und es wurde gewarnt und empfohlen, Autofahrten möglichst zu vermeiden. Nun war guter Rat teuer. Auf den Zug umsteigen konnte ich nicht, da mein Kunde mit öffentlichen Verkehrsmitteln schlecht zu erreichen war, und absagen wollte ich schon gar nicht. Also schrieb ich folgendes nieder: *Ich habe morgen eine gute und sichere Fahrt nach meinem Bestimmungsort und wieder zurück.* So schrieb ich einmal, zweimal, dreimal. Dann ging ich ruhig zu Bett.

Am nächsten Morgen war es zwar eiskalt, aber strahlend schön. Die Fahrbahnen auf der Autobahn waren trocken, die ganze weite Strecke bis nach Basel. Während der Sitzung zog sich der Himmel zu, aber es blieb trocken, und die Rückfahrt verlief trotz viel Verkehr genauso problemlos wie die Hinreise. Erst am Abend, als ich wieder sicher zuhause war, begann es draußen heftig zu schneien.

Eine junge Frau suchte einen neuen Mitbewohner für ihre Wohngemeinschaft, und da sie trotz aller Bemühungen niemand fand, rief sie mich an. Sie sagte, sie habe die passende Person zwar bestellt, diese würde sich aber einfach nicht finden. Ich riet ihr, ihre Absicht ein paarmal niederzuschreiben. *Ihre Absicht,* nicht ihren Wunsch, denn Wünsche haben dann Aussicht auf Erfüllung, wenn wir sie als Absicht formulieren. Sie schrieb dann ein paar Mal: *Wir finden jetzt den passenden Mitbewohner für unsere WG.* Binnen kurzem stellte sich dieser ein, es war ein sehr sympathischer Student aus Frankreich, und er war in jeder Hinsicht eine Bereicherung für die WG, wie sich später herausstellte.

Geschriebenes wirkt. Ob es tibetische Gebetsfahnen sind, die im Wind flattern und ihre Segenssprüche wirken lassen, oder Ihre Bejahungen und Affirmationen, die Sie in ein Heft oder ein Buch schreiben. Wenn wir unsere Absichten formulieren und wiederholt niederschreiben, erhöhen wir die Wahrscheinlichkeit und die Schnelligkeit ihrer Verwirklichung ungemein. Es lohnt sich auf jeden Fall, diese unsere „Hausaufgaben" zu machen.

Diese Methode ist so einfach und so wirkungsvoll,
daß die meisten sie ***nicht*** *anwenden werden.*

Rüdiger Dahlke

(über die Ohrmassage)

14 Eine Reise mit Absicht

Reisen sind eine wunderbare Gelegenheit, Absicht bewußt einzusetzen und so die schöpferische Kraft einer Absicht zu erfahren. Zuhause bewegen wir uns oft in denselben Geleisen, haben unsern Rhythmus und unsere Gewohnheiten, und alles läuft wie gewohnt und wie am Schnürchen ab. Auf Reisen, und ich spreche hier natürlich vom Reisen auf eigene Faust, können wir viel besser wahrnehmen, wie wir eigentlich „ins Leben geworfen sind", wie Heidegger sagt, und wie wir von Chancen und Möglichkeiten umgeben sind, die sich uns täglich eröffnen. Eine Reise bietet schöpferische Gestaltungsmöglichkeiten ohne Ende, und das ist wohl einer der Gründe, warum wir uns nach einer solchen Reise erfrischt und wie neu geboren fühlen.

Wir waren in Arabien unterwegs, meine Frau und ich, und fuhren zum ersten Mal nach *Musandam*, eine politische Enklave, die zum Oman gehört und nördlich der Vereinigten Arabischen Emirate an der *Straße von Hormuz* liegt, welche den Persischen Golf mit dem Arabischen Meer und dem Indischen Ozean verbindet. *Musandam* wird gelegentlich als das Norwegen Arabiens bezeichnet, da ein hoher Gebirgszug ins Meer hinausführt, wo er zerklüftet und schroff abfällt und so unzählige Fjorde bildet. In diesen versteckt liegen einzelne kleine Fischerdörfchen, die nur vom Meer aus zugänglich sind. Die einsamen Meeresarme sind ein Tummelplatz für Meerestiere aller Art, besonders auch für Delphine, die sich dort sehr wohl zu fühlen scheinen. Im hohen Gebirge leben noch einfache Menschen vom Stamm der *Shuar,* die Berghänge terrassiert haben, um dem Boden das zum Leben Notwendige abzugewinnen.

Wir machten Station in *Khasab,* dem Hauptort von *Musandam*, und am Abend unseres Ankunftstages wollten wir bei einem lokalen Reiseveranstalter für den nächsten Tag eine *Dhow* reservieren, wie die alten arabischen Boote heißen, mit denen schon *Sindbad der Seefahrer* um halb Afrika und bis nach Indien gesegelt ist. Der Reiseveranstalter teilte uns mit, es sei nur mehr ein kleines Boot frei. Dies tue ihm zwar sehr leid, aber da sei nichts zu machen, da die größeren Boote von prominenten Gästen aus Dubai vorreserviert seien. Da wir uns eine schöne, große *Dhow* vorgestellt hatten, waren wir ziemlich enttäuscht. Zudem hatte das kleine Boot keine Toilette, was auf einem langen Törn doch ziemlich mühsam sein konnte. Da unsere Reisezeit beschränkt war und wir am übernächsten Tag weiterreisen mußten, akzeptierten wir trotzdem und vereinbarten die Fahrt für den kommenden Nachmittag. Wir wollten nämlich noch in den frühen Abendstunden unterwegs sein, wenn das goldene Licht der Abendsonne die Felstürme im Wasser beschien und die Gegend wie ein *Monument Valley* im Wasser aussehen ließ. Vor der Bootsfahrt planten wir noch, mit unserem Jeep in die Berge zu fahren, dort sollten zweitausendjährige Schriftzeichen in den Felsen zu finden sein.

Zurück im Hotel genossen wir auf der Hotelterrasse ein wunderbares Dinnerbuffet und gingen anschließend auf unser Zimmer, wo noch etwas „Arbeit" auf mich wartete. Als erstes änderte ich die *Dhow*, die uns zugesagt war, mit folgenden Worten: „Es kann sein, daß wir morgen nur ein kleines Boot ohne Toilette zur Verfügung haben, und das kann sich ändern. Ich will, daß dieses Problem verschwindet." Ich verankerte rituell und wandte mich der nächsten Aufgabe zu. Dazu schrieb ich die Absicht für den nächsten Tag in mein Reiseheft. „Wir haben morgen einen wunderbaren Tag, eine herrliche Bootsfahrt, angenehmes Wetter, ruhige See, eine angenehme Crew, ein wunderbares Boot. Wir haben schöne Begegnungen mit vielen Delphinen und allerlei Fischen. Dieser Tag wird ein Höhepunkt unserer Reise."

Am nächsten Morgen fuhren wir auf der Suche nach den angekündigten Felszeichnungen auf einen hohen Bergrücken. Immer höher schraubte sich eine schmale Schotterpiste den Berg hoch, die Aussicht nach allen Seiten wurde immer grandioser. Weit unten lag das türkisblaue Meer, landeinwärts kleine Äckerchen, von Steinen umrandet, wie Zeugen aus einer anderen Welt. Als die Piste zu Ende war, stiegen wir zu Fuß weiter. Der Bergrücken sah sehr geheimnisvoll aus und erinnerte mich mit seinen Terrassen an die Bilder von *Machu Picchu*. Aber so sehr wir auch suchten, wir fanden keine Felszeichnungen. Schließlich mußten wir zurückfahren, damit wir rechtzeitig zu unserem Boot kamen. Unten im Ort begrüßte uns der indische Reiseveranstalter mit einem Lächeln: „Wir haben ein wunderbares Boot für Sie, Sir. Eine große *Dhow,* nur für Sie beide." Ich lächelte zurück. Ich freue mich immer, wenn sich Änderungen und Bestellungen so prompt erfüllen.

Das schöne alte Holzschiff war tatsächlich prächtig. Das Deck war ganz mit Perserteppichen ausgelegt, und entlang der Reling fanden sich überall Sitzkissen. Ein Sonnensegel gab Schatten, wenn wir dies wollten. Die Crew bestand aus zwei hübschen, zuvorkommenden jungen Männern. Sobald wir aus dem Hafen von *Khasab* steuerten, servierten sie heißen Tee und Gebäck. Wir fühlten uns wie in einem Arabischen Märchen.

Zusammen mit uns lief eine zweite *Dhow* aus und machte sich auf die gleiche Reise. Darauf waren etwa zwanzig Gäste, und es war lustig zu sehen, wie sie sich alle immer von der rechten Seite des Bootes auf die Linke bewegten und wieder zurück, je nachdem, wo gerade etwas zu sehen war. Wir tuckerten also in Sichtweite voneinander in die Fjorde hinein, und mit der Zeit entwickelte sich zwischen den beiden Booten eine richtige Korsarenjagd, da jedes Boot als erstes an den Stellen sein wollte, wo normalerweise Delphine gesichtet wurden. Ich bat unseren Bootsführer, die andern ziehen zu lassen, und wir entspannten uns in die Sitzkissen auf unserem Boot. Wir wußten schließlich, wir würden den Delphinen begegnen, so oder so, denn dies war unsere Absicht.

Als wir kurz darauf an einen tief ins Meer abstürzenden Felsen heranfuhren, überholte uns das andere Boot erneut – es hatte inzwischen noch an einer andern Stelle gesucht – und setzte sich triumphierend vor unsere Nase. Nun waren sie näher beim Ufer. Plötzlich tauchte eine Gruppe von diesen niedlichen, kleinen Delphinen auf unserer Leeseite auf, ganz nahe bei der Bootsreling. Sie spielten, sprangen und tauchten, und wir hatten unsere Freude daran. Als der Kapitän des „Konkurrenzbootes“ sah, daß Delphine bei unserem Boot waren, riß er sein Steuer herum, kam zurück und fuhr mitten zwischen die Delphine, so daß diese abtauchten und verschwanden. Wir waren noch eine Weile mit dem anderen Boot zusammen unterwegs, und immer, wenn Delphine auftauchten, waren sie nahe bei unserem Boot. Schließlich gelang es uns, uns abzusetzen. Wir fanden einen idealen Platz zum Schnorcheln und sahen noch viele weitere wunderbare Tiere.

„*You were really lucky,* Sie hatten großes Glück“, sagte der Bootsführer, als wir uns im Licht der untergehenden Sonne wieder dem Hafen von *Khasab* näherten, und fügte hinzu, daß man längst nicht auf jeder Fahrt Delphine zu Gesicht bekäme, und wir hätten gleich so viele gesehen! Wir selbst waren von diesem herrlichen Tag ganz erfüllt, er war tatsächlich zu einem Höhepunkt unserer Reise geworden. Als wir am Abend Bilanz zogen, wurden wir gewahr, daß sich alles erfüllt hatte, was wir beabsichtigt oder geändert hatten. Gleichzeitig wurde uns aber auch bewußt, daß wir nur eine gute Bootsfahrt, nicht aber die Felszeichnungen bestellt hatten. Und während wir die Zeichnungen zwar gesucht, aber nicht gefunden hatten, war das bei den Delphinen gerade umgekehrt. Hier war kein angestrengtes Suchen, hier hatten wir einfach gefunden. Aufgrund unserer Absicht fielen uns die Delphine sozusagen in den Schoß. Dergestalt wirkt also die Kraft unserer Absicht! Und wenn wir die Absichten in Worte fassen, erfüllen sich diese wortwörtlich. Unsere Worte führen wortwörtlich zum Erfolg!

Drei Tage später waren wir in der Stadt Sohar im Oman stationiert und wollten von hier einen Abstecher ins nahe Hajargebirge unternehmen. Diesmal lautete die formulierte Absicht wie folgt: „Alles geht bestens an unserm Ausflugstag ins Hajargebirge. Intuitiv sind wir auf dem richtigen Weg. Wir sind rechtzeitig wieder zurück im Hotel und genießen einen schönen Abend am Meer." Sie müssen wissen, damals gab es im Oman noch keine Karten. Deswegen nahmen Touristen oft die Hilfe einheimischer Fahrer in Anspruch. Wir hingegen wollten selbst fahren und bedienten uns lieber der Kraft unserer Absicht. Auch diesmal wurde es ein wunderbarer Tag. Wir kamen zwar nicht dorthin, wo wir *gedacht* hatten (nach *Ibri*), wohl aber dahin, wo wir *beabsichtigt* hatten, nämlich in Canyons mit Felsen in allen Farben, in unberührte Stein- und Geröllwüsten und herrliche Bergtäler. „Das Universum vom Feinsten – die Palette des *Großen Künstlers*“, dachte ich mir und genoß jeden Meter Fahrt.

Schließlich wurde es später Nachmittag. Da sich auch der letzte Teil der Absicht, der gemütliche Abend im Hotel am Meer, erfüllen sollte, manifestierte sich der Wagen eines Omani, der uns aus dem Nichts entgegen kam. Er bot sich an, uns eine ganze Weile vorauszufahren, um uns auf die Straße zu bringen, die zurück an die Küste führte. Auf dem Weg dahin erkannten wir dann, daß der vom Verstand gewählte Weg, die Straße nach *Ibri*, eine einzige Baustelle war, da hier die alte Staubpiste gerade durch eine Asphaltschnellstraße ersetzt wurde. Hätten wir den Weg des Verstandes beschritten, hätten wir den ganzen Tag Staub geschluckt und die wunderbar farbigen Gebirgspartien niemals zu Gesicht bekommen. Auch hier hatte sich unsere Absicht wortwörtlich erfüllt. Und da ich Ihnen diesen Mechanismus detailliert beschreiben wollte, habe ich diese Reisegeschichte so ausführlich erzählt.

15 Eine Begegnung mit Absicht

Samantha war unterwegs auf einem Spaziergang. Es war ein gewöhnlicher Wochentag, und da Samantha unregelmäßig Dienst im Krankenhaus hatte, war sie wieder einmal allein unterwegs. Das machte ihr nichts aus, sie liebte es, allein in der Natur zu sein, doch manchmal wäre es auch schön gewesen, einen Weggefährten dabeizuhaben. So dachte sie auch an diesem Tag, und da sie um die Kraft der Absicht wußte, beschloß sie, diese einzusetzen, um jemanden „herbeizuzaubern“. In einen klaren Gedanken gefaßt, lautete ihre Absicht: „Ich begegne jetzt jemandem, den oder die ich kenne.“ Nachdem sie diesen Gedanken gedacht und ins Universum entlassen hatte, genoß sie wieder die Natur um sich herum, während sie ihren langen Spaziergang fortsetzte. Das Wetter war nicht besonders gut an diesem Tag, es war kaum jemand unterwegs, und Samanthas Verstand hatte Mühe, an die Verwirklichung der geäußerten Absicht zu glauben. Um so erstaunter war sie, als ihr nach kaum einer halben Stunde eine Kollegin entgegenkam, mit der sie schon manch gutes Gespräch geführt hatte. Da sie in Begleitung eines Mannes war, den Samantha nicht kannte, grüßte man sich nur, und alle gingen ihrer Wege. Samantha wollte schließlich nicht stören, falls sich da vielleicht gerade eine neue Liebe anbahnen sollte oder was auch immer. Obwohl sie weiterhin allein unterwegs war, war sie doch zufrieden, schließlich hatte ihre Absicht gewirkt und ihr jemanden zugeführt, den sie kannte.

Als sie das Ziel ihrer Wanderung erreicht hatte, machte sie kehrt. Es ging bereits gegen Abend, und da die Luft recht frisch war, rechnete sie nicht damit, auf dem Rückweg nochmals jemandem zu begegnen. Aber ein Gedanke ließ sie nicht los: Wenn es einmal funktioniert hat, müßte es doch auch ein zweites Mal klappen, oder nicht? Ihr Verstand meinte dazu, einmal könne man ja Glück haben, ein zweites Mal wäre das doch sehr unwahrscheinlich. Trotzdem versuchte sie das Experiment erneut und bekräftigte ihre Absicht: „Ich treffe jetzt nochmal jemanden, den ich kenne." Kein Mensch war mehr auf der Strecke, doch plötzlich kam ihr in einer Wegbiegung jemand entgegen. Es war dieselbe Kollegin, die sie zuvor schon in Begleitung des Mannes gesehen hatte.

Diese war, nachdem sie sich von ihrem Bekannten verabschiedet hatte, umgekehrt, da sie gehofft hatte, Samantha noch zu treffen, um sich mit ihr noch zu unterhalten. Die beiden spazierten nun gemeinsam zurück. Samanthas Absicht hatte sich erneut manifestiert.

Bei der Manifestation des Beabsichtigten ist das Universum äußerst erfinderisch, wie dieser Fall zeigt. Samantha hätte nie damit gerechnet, daß ihre Kollegin zurückkommen würde, um sie zu treffen. Da dem Universum wohl keine andere Option zur Verfügung stand, hat es diese Variante gewählt und die gleiche Person gleich zweimal manifestiert.

So schafft Absicht Chancen, Möglichkeiten, Begegnungen, Zufälle. Ein Zufall ist schließlich etwas, was Ihnen zufällt. Und die Ursache dafür ist allein Ihre Absicht. Also: Was können Sie herbeizaubern? Es muß nichts Großes sein, kleine Begebenheiten im Alltag können genügen, um Ihnen Ihr Mitschöpfertum bewußt zu machen und Ihre entsprechenden Fähigkeiten zu trainieren. Und wenn es etwas Großes ist, um so besser. Alles macht Spaß, was Sie „herbeizaubern" und in Ihr Leben holen können.

16 Von der Wichtigkeit der eindeutigen Absicht

„Wann wird mein Leben endlich erfolgreich verlaufen?" ?" fragt Neale Donald Walsch sinngemäß Gott zu Beginn seiner Buch-Trilogie *Gespräche mit Gott.* Die Frage setzt voraus, daß Neale Donald Walsch, der ja damals schon etwas älter war, bis zu diesem Zeitpunkt sein Leben noch nicht wirklich auf die Reihe gebracht hatte. Deshalb wollte er wissen: „Wann um Himmels willen wird mein Leben endlich erfolgreich verlaufen?"

Und Gott antwortet ganz einfach: „Wenn du dich dafür entscheidest." Er hätte auch sagen können: „Wenn dies deine eindeutige Absicht ist."

Dieser (sinngemäße) Dialog ist äußerst bedeutsam. Denn wir kennen ihn in 1001 Variation. Wir fragen vielleicht: „Wann habe ich endlich Erfolg?" oder „Wann werde ich endlich wieder gesund?" Tausend Fragen, und immer lautet die Antwort: „Wenn du dich dafür entscheidest!" Das Problem bei dieser Art Dialog ist, daß wir die Antwort zumeist nicht hören, nicht ernst nehmen oder vielleicht auch ganz einfach nicht wirklich begreifen. Denn statt diese Antwort stehenzulassen und zu akzeptieren, setzen wir in den meisten Fällen das Gespräch fort und sagen zum Beispiel: „Aber ich *will* ja Erfolg haben, ich *will* gesund werden, nichts lieber als das.“ Und wir sagen es meist so, als ob wir uns selbst davon überzeugen wollten.

Tatsache ist: *Das Leben lügt grundsätzlich nie*. Wenn wir nicht genau wissen, was unsere Absicht ist, dann müssen wir nur schauen, was für Resultate oder Ergebnisse wir in unserem Leben haben. In dieser Hinsicht können wir uns nichts vormachen. Wenn unsere Absicht *Erfolg* ist, dann zeigt sich Erfolg in unserem Leben. Wenn unsere Absicht *Gesundheit und Wohlbefinden* ist, dann zeigen sich Gesundheit und Wohlbefinden in unserem Leben. Wenn nicht, dann müssen wir insgeheim andere Absichten haben, dann muß die Summe unserer Absichten etwas anderes ergeben.

Das Leben lügt nie. Wenn wir die Fakten lesen, dann wissen wir stets, woran wir sind. Vermutlich denken wir, wir könnten selbstverständlich gar nichts anderes wollen als unser Gutes, aber da täuschen wir uns ganz gewaltig. Die meisten von uns haben viel Erfahrung mit dem so genannten *gemütlichen Elend,* in dem so viele Menschen ihr Leben verbringen. Gemütlich deshalb, weil es zwar elend, dafür aber vertraut ist. Wenigstens kennen wir uns damit aus, fühlen uns hier zuhause. Und wir sind oft Experten darin, uns mit dem Zweitbesten zufrieden zu geben, da wir ganz einfach nicht gelernt haben, uns entschlossen für unser *Gutes,* ja unser *Bestes* zu entscheiden und uns dafür stark zu machen.

Allzu oft ist es so, daß Mittelmäßigkeit belohnt, Außerordentlichkeit hingegen bestraft wird. „Der meint wohl, er sei etwas Besseres", heißt es vielleicht. Wir sind schlicht nicht besonders gewohnt zu ändern, was uns mißfällt. Zu klagen hingegen ist durchaus gesellschaftsfähig. In ihrem Klagen verbrüdern sich die Menschen, in ihren Aspirationen und ihrem Streben zum Guten sind sie oft allein.

Loredana meldete sich bei mir per SMS, es gehe ihr schlecht, ihre Beine machten ihr Mühe, sie könne kaum mehr stehen. Ich wußte, daß Loredana, die seit langem verwitwet war, daran dachte, sich mit einer Versicherungsauszahlung eine eigene Wohnung zu kaufen. Zudem spielte sie mit dem Gedanken, sich beruflich selbständig zu machen. Ein bißchen viel auf einmal, dachte ich, das kann schon sehr belasten, und daß bei dieser Belastung die Beine als erstes nicht mehr mitmachen, ist eigentlich ganz selbstverständlich. Schließlich sind unsere körperlichen Symptome Zeichen und Symbole dafür, was mit uns zutiefst los ist. Ich rief Loredana an und riet ihr, ihre Absicht zu bekräftigen, jetzt auf eigenen Beinen zu stehen und daß ihr dies ganz leicht fallen würde. Zudem solle sie diese Absicht ein paarmal aufschreiben, das würde die Sache vertiefen und beschleunigen.

„Dann müßte ich einen passenden Satz finden, der meine Absicht deutlich zum Ausdruck bringt“, sagte sie.

„Genau, du hast es erfaßt. Und wenn du den Satz gefunden hast, dann schick ihn mir per SMS zur Kontrolle, damit ich sicher bin, daß er auch wirklich deine Absicht ausdrückt!“

Ich hörte über eine Woche lang nichts von Loredana (nach dieser Zeit hatte sie immer noch Schmerzen), und ihren Satz bekam ich überhaupt nie zu sehen oder zu hören. Offenbar war es ihr nicht so wichtig, gesund zu werden, offenbar klagte sie lieber allen ihr Leid.

Verstehen Sie jetzt, was ich mit dem *gemütlichen Elend* meine? Da kann man doch seinen

Kollegen und Freunden etwas erzählen, und die haben vielleicht sogar Mitleid mit einem. Bestimmt kennen Sie ähnliche Beispiele, wo Menschen sich konsequent weigern, etwas zu ihrem Guten zu ändern.

„Wann habe ich mein Leben endlich auf die Reihe gebracht?“ fragt Neale Donald Walsch seinen Gott, und dieser antwortet: „Wenn du dich dafür entscheidest!“

Wenn wir meinen, wir hätten uns doch längst für unser Gutes entschieden, dann ist es vielleicht doch noch nicht so weit. Vielleicht wollen wir noch zuviel anderes, das nicht damit zusammengeht. Vielleicht hegen wir Rachegedanken, die unserem Guten im Wege stehen. Vielleicht wollen wir einfach *Recht haben*, was nicht gleichzusetzen ist mit unserem Guten.

Unser Gutes müssen wir immer wieder wollen, wir müssen unsere Absicht zum Guten bekräftigen. Die Frage im Leben ist immer wieder die: Blasen wir Trübsal oder blasen wir zum Angriff?! Denn immer wieder stellt sich uns die Frage: Was genau wollen wir eigentlich, was genau ist unsere Absicht? Die Absicht zu bestimmen und zu bekräftigen bedeutet, „zum Angriff zu blasen“ und das Leben stürmisch oder sanft in die gewünschten Bahnen zu lenken.

Und: *Wünschen* allein genügt nicht, das wissen Sie inzwischen. Ein Wunsch stellt etwas dar, was wir im Augenblick *nicht* haben, aber gerne hätten. Allzu oft ist hier der wahre Fokus auf dem Mangel, auf dem Fehlen. Mit dem Wünschen geht die Suche oft weiter, mit dem Wünschen kann das Suchen gar zum bleibenden Zustand werden. Erfüllung hingegen bedeutet zu finden. Wenn unsere Absicht entsprechend geäußert wird, haben wir – auf der kausalen Ebene – bereits gefunden. Was immer unsere Absicht ist, es wird sich verwirklichen.

Auch Kryon empfiehlt, Wünsche in Form einer Absicht zu formulieren, wenn sie sich erfüllen sollen.

Unser Leben will gestaltet werden. Wenn Sie ein außergewöhnliches Leben führen wollen, das nicht von außen vorgegeben ist, dann sollten Sie Ihre Absichten entsprechend formulieren. Und dann, glauben Sie mir, ist Ihr Leben endgültig erfolgreich gestartet.

Du bist da, wo du jetzt bist,
weil du nicht bereit bist für mehr.

Jens Corssen

17 Engel und andere Helfer

Engel und geistige Helfer finden wir gleichermaßen im Christentum wie auch in der modernen Esoterik. Zunehmend viele Bücher weisen darauf hin, wie mit Engeln in Kontakt zu treten ist und mit welchen Anliegen sie betraut werden können. Die Frage ist nun, gibt es einen Konflikt zwischen Absicht und Engel, sind das Systeme, die sich widersprechen oder nicht?

Vielen Quellen und der Aussage der Engel selbst zufolge (zu finden im wunderbaren Buch von Gitta Mallasz: *Die Antwort der Engel*) gibt es sieben verschiedene Schöpfungsebenen. Der Mensch bewohnt davon die vierte, die Mitte, die den Schnittpunkt zwischen Erde (Mineralreich) und Himmel (Ebene des reinen Bewußtseins oder Geistes) bildet. Die vierte Ebene allein ist mit dem *freien Willen* ausgestattet, damit steht sie in gewisser Weise *über* der Ebene der Engel, die nicht über einen freien Willen verfügen. Engel dienen Gott, der Höchsten Absicht, und sie dienen in besonderem Maße den Menschen, wenn diese es so wünschen. Von sich aus (ohne bewußtes oder unbewußtes Rufen oder Bitten eines Menschen) würden sie sich in keiner Weise einbringen oder gar einmischen.

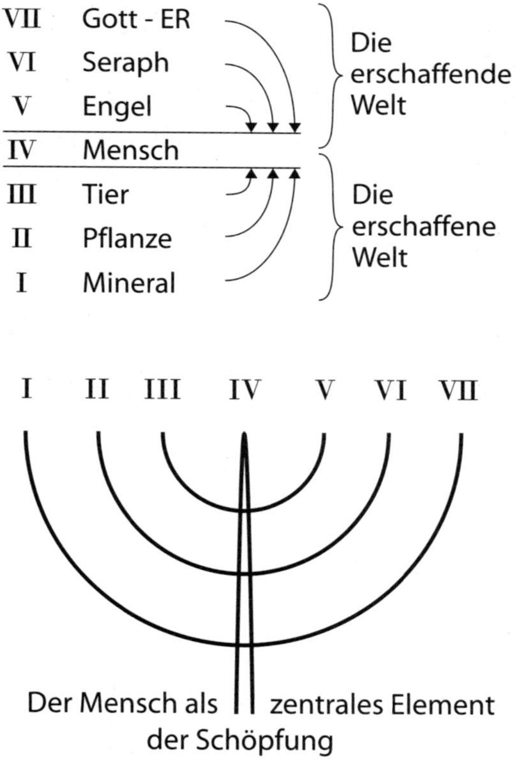

Abb. 2

Wie, so ist die Frage, werden also Engel aktiv, und was genau machen sie? Penny McLean, auch eine Protagonistin der Engelforschung, hat es in einem Vortrag einmal so auf den Punkt gebracht: „Der Engel ist so gut (mit seiner Hilfe und mit seinen Bemühungen), wie du selber gut und klar bist mit deiner Absicht!“ Ein Engel kann also beim Verwirklichen dessen helfen, was wir klar beabsichtigen, was wir in Auftrag geben, worum wir bitten. Mehr kann er beim besten Willen nicht tun.

Klarheit ist also gefragt, denn nur ein klarer Auftrag und eine klare Bestellung können ausgeführt werden. Deshalb heißt es schon in der Bibel: „Deine Rede sei Ja-ja und Nein-nein“. Kein *vielleicht,* kein *eventuell,* und nicht *mal so und dann wieder so.* Nur einem klaren Auftrag, einer klaren Bitte, können Engel und Universum entsprechen.

Viele alte Quellen fordern uns auf, zu beten und zu bitten. Warum? Mit der Bitte äußern Sie Ihren Willen, Ihre Absicht. Denn Wollen müssen Sie schon selbst. Wollen kann der Engel nicht für Sie. Weil es allein auf die Absicht des Menschen ankommt, sagen die Engel auch: „Der Mensch ist so groß, daß wir ihn in seiner ganzen Größe nicht sehen können.“ Denn der Mensch reicht hinein in die höchsten Ebenen, ist unteilbar (*Individuum* bedeutet *unteilbar*) mit der Höchsten Absicht, dem Höchsten Gott verbunden. Bitte ist demnach mehr Absicht als Unterwerfung, denn mit Ihrer Bitte teilen Sie dem Universum Ihre Absicht mit.

„Die Entscheidung, was sein soll, liegt beim Individuum", sagt Edgar Cayce, der „schlafende Prophet", und diese Entscheidung wird vom ganzen Universum auf allen Ebenen akzeptiert. Es geht sogar noch weiter: Das ganze Universum wartet förmlich darauf, die Entscheidungen des Individuums auszuführen und zu verwirklichen. Alle Ebenen dienen dem Menschen, der schöpfen, walten und zerstören kann als ein (kleiner?) Gott in seinem Reich. Natürlich ist Hilfe da, mehr als genug, der Mensch braucht sie nur in Anspruch zu nehmen. „Wer also sucht, der wird finden, und wer anklopft, dem wird geöffnet werden." Wir brauchen nur zu rufen, und das Universum antwortet. Ob in persönlichen, beruflichen oder gesellschaftlichen Belangen, „Hier werden Sie geholfen", wie es Verona Feldbusch in einem Werbespot ausdrückte. Wen oder was auch immer wir rufen, wird antworten.

Nun, Sie brauchen keine Geister zu rufen, die Sie dann nicht mehr loswerden, wie weiland

Goethes *Faust.* Setzen Sie einfach Geist kraft Ihrer Absicht in Bewegung, um das zu erreichen und zu manifestieren, was Sie möchten.

Es bleibt dabei: Es liegt an uns, mit unserer Absicht das Leben so zu gestalten, wie es uns zutiefst entspricht. Oder, wie Seth es ausdrückt: „Im Großen und Ganzen seid ihr hier, um euer Bewußtsein zu erweitern und zu lernen, wie Kreativität durch die Inhalte eures Bewußtseins in verschiedene Bahnen gelenkt werden kann." *Die Inhalte unseres Bewußtseins* – das sind nichts anderes als unsere Absichten! Denken wir daran: Wir haben nur eine einzige Freiheit, nämlich die, zu bestimmen, was unsere Absicht ist beziehungsweise worauf wir unsere Aufmerksamkeit richten wollen. Und denken wir auch daran: Das, was wir beabsichtigen und worauf wir unsere Aufmerksamkeit richten, das wird werden!

18 Sein Kreuz auf sich nehmen

„Ein jeder nehme sein Kreuz auf sich", heißt es in der Bibel. Was aber bedeutet es, auf dem Lebensweg sein Kreuz auf sich zu nehmen?

Ein Kreuz ist eine Schnittstelle, eine Kreuzung von verschiedenen Linien, zum Beispiel von Raum und Zeit oder auch von Himmel und Erde. Wir haben schon gesehen, daß die menschliche Ebene *und* die menschliche Natur ein Kreuzungspunkt von Himmel und Erde sind. Menschsein *ist* Kreuz, und als Menschen sind wir angehalten, uns den Herausforderungen dieser Ebene zu stellen. Wir sind ins Menschsein *geworfen,* wie Martin Heidegger sagt, und als Menschen erfahren und erleiden wir die Höhen und Tiefen dieser Existenzebene, unser Höchstes und unser Schwerstes gleichzeitig. Sein Kreuz auf sich zu nehmen heißt in diesem Sinn, die Erfahrung des Menschseins mit seinen Möglichkeiten *und* mit seinen Beschränkungen anzunehmen.

Ein anderes Kreuz ist der Schnittpunkt von Raum und Zeit, und dieses Kreuz ist das Hier und Jetzt. Die Aufforderung der Bibel geht also dahin, *das* auf sich zu nehmen oder anzunehmen, was hier und jetzt ist. In *Alles kann sich ändern* habe ich dargelegt, daß Hier und Jetzt alles ist, was im Grunde existiert. Hier und Jetzt ist auch der Punkt unserer Macht und unserer Kraft. Hier sind wir *handlungsbevollmächtigt*, und nur hier, im Hier und im Jetzt, können wir handeln. Hier können wir eine Absicht installieren, können schöpfen, können ändern. Sein Kreuz auf sich zu nehmen bedeutet also, sich dem Jetzt *hinzugeben,* es anzunehmen. Es ist die Hingabe an das Leben, an *das, was ist.* Aber es hat nichts mit dem Aufgeben unserer schöpferischen Fähigkeiten zu tun, im Gegenteil. Es ist eine Aufforderung, dieses Kreuz, das ewige Hier und Jetzt, so zu gestalten, daß es das Wohlgefallen des Himmlischen Vaters findet, mit anderen Worten, daß es der höchsten Absicht und unserem höchsten Guten entspricht.

Das Kreuz zeigt sich schließlich auch in der Zahl vier (4), ein Hinweis auf die Schöpfungsebene des Menschen, den Schnittpunkt zwischen der erschaffenen und der erschaffenden Welt, wie Abbildung 2 zeigt. Sein Kreuz auf sich zu nehmen bedeutet also, sich ganz den Aufgaben des Menschseins hinzugeben, der erschaffenen

Welt zu entwachsen und sich als Mitschöpfer zu verwirklichen.

Und das Leiden? Hat Leiden denn überhaupt keinen Sinn? Das möchte ich damit keineswegs sagen. Im Gegenteil. Es gibt nämlich im ganzen Universum und in der ganzen Schöpfung nichts, das nicht irgendwie sinnvoll ist. Man sagt, das Leiden sei ein großer Lehrmeister. So kann uns Leiden vieles lehren: Es kann uns demütig und bescheiden machen, wenn wir arrogant und hochnäsig geworden sind. Es kann unseren Kurs korrigieren, wenn wir – von unserem Herzen aus gesehen – vom richtigen Weg abgekommen sind und wir uns darauf besinnen sollen, was in unserem Leben wirklich wichtig ist Und es kann, last but not least, dazu führen, daß wir unsere innere Stärke finden und entwickeln. Ich habe Menschen kennengelernt, die unter Leidensdruck Unglaubliches zustande gebracht haben.

Vor kurzem bin ich bei einem Spaziergang im Wald auf einen Baum gestoßen, in den zwei gedankenverlorene Menschen ihre Initialen eingeritzt hatten. Rundum strömte Harz aus den Wunden des Baumes. Ich legte meine Hände auf den Harz, um etwas vom wundervollen Geruch aufzunehmen, als ich daran dachte, daß Leiden uns – genau wie bei einem Baum – dazu bringt, unser

Bestes hervorzubringen, um den Schaden abzuwenden. Beim Baum ist dieses Beste eben Harz, manchmal Weihrauch oder auch Gummi, mit dem der Gummibaum seine Wunden zu schließen sucht. Leiden kann uns also dazu bringen, uns auf unser Bestes zu besinnen, auf unsere Fähigkeiten zu heilen, zu ändern und unser Leben schöpferisch zu gestalten. So gesehen ist Leiden oft *notwendig,* um eine innere oder äußere Not zu wenden und zum Guten zu ändern.

Ich habe einmal eine Geschichte gelesen von zwei Wölfen, die in der kanadischen Wildnis gefangen worden waren und in einen amerikanischen Zoo gebracht werden sollten. Aus der Wildnis brachte man sie in einem Käfig auf einem Pick-up zum nächsten Flughafen, um sie dort weiterzuverladen. Bei der Ankunft am Flughafen stellte man fest, daß die Wölfe gestorben waren, ohne jede äußere Einwirkung waren sie tot, offenbar hatten sie ganz einfach ihre Körper verlassen, wie die Wildhüter bestätigten. Die Wildtiere waren es wohl *leid* zu leiden, und da sie keinen anderen Ausweg sahen, wählten sie die Freiheit des Todes. Auch Menschen, vor allem im hohen Alter, sterben, wenn sie es leid sind zu leiden und wenn sie in diesem Leben keinen Sinn mehr sehen. Wenn die Seele sieht, daß sie erlebnisunfähig wird, ist sie bereit zu gehen und dieses Leben zu verlassen. *Der Tod ist kein Zufall*, nennt Hermann Meyer sein spannendes Buch zu diesem Thema. Er fällt demjenigen zu, der dafür bereit ist. Indem wir unser Kreuz auf uns nehmen und im Hier und Jetzt unsere besten Absichten leben, können wir den Tod aber in seine Schranken weisen.

19 „Overruling"

Vielen Menschen, vielleicht aber nicht solchen, die dieses Buch lesen, mag die Kraft der Absicht und die Möglichkeit, alles zu ändern, sauer aufstoßen. Vielleicht ist ihnen da allzu viel Eigenmächtigkeit und Eigenwille dabei, und Eigenmächtigkeit und Eigenwille waren lange verpönt, besonders was die christliche Kultur anbetrifft. Ich zumindest habe als Kind noch gelernt, mich anzupassen, Wünsche und Erwartungen anderer zu erfüllen, und ich kenne viele Menschen, denen es ebenso erging. In manchen Fällen kann das so weit gehen, daß jemand gar nicht mehr weiß, was er oder sie eigentlich vom Leben will und schon gar nicht, wozu man eigentlich hergekommen ist in dieses Leben. Man hat einen Beruf ergriffen und übt diesen aus bis zur Pensionierung, ob er einem gefällt oder nicht – dies kann so ein Beispiel sein, wie man sich mehr nach den gesellschaftlichen Erwartungen als nach den eigenen Bedürfnissen richtet.

Wir sind aber hier, um uns selbst auszudrücken und die Bedürfnisse und inneren Ziele unseres Selbst zu erfüllen. Mitschöpfertum und aktive

Lebensgestaltung beinhalten viel Eigenmächtigkeit und Eigenwille, das stimmt. Diese sind notwendig, damit wir unseren eigenen Kurs steuern können. Aus diesem Grund ist es an der Zeit, mit der Verteufelung von Eigenmächtigkeit und Eigenwillen aufzuhören. Eigene Ziele und Bedürfnisse zu verfolgen bedeutet längst nicht, gegen andere Menschen zu handeln. Im Gegenteil: Die Welt wird wohl besser werden, wenn wir lernen, konsequent vor der eigenen Tür zu kehren.

Trotzdem: Nicht jede unserer Absichten ist in Übereinstimmung mit den Absichten des Inneren Selbst. Manchmal weiß es dieses besser, als es sich unser Ego auszumalen vermag. Und dann kann es dazu kommen, daß das Universum uns im Auftrag unseres Inneren Selbst *overruled*, das heißt, daß es unsere Eigenabsicht „überstimmt".

Wir kennen den Begriff *Overruling* aus dem Tennis. Er bedeutet, daß der Head- oder Oberschiedsrichter einen untergeordneten Schiedsrichter wie den Linienrichter jederzeit *overrulen* oder überstimmen kann, wenn er aus seiner höheren Warte anderer Ansicht ist. Er kann einen Ball noch gut geben, den der Linienrichter seinerseits im Aus gesehen hat und umgekehrt. Dies kann uns auch mit unseren Absichten passieren, und unser Inneres Selbst kann uns overrulen oder überstimmen, wie die folgenden Beispiele zeigen.

Einmal, es war in einem Februar, hatte ich überraschend Zeit, Ferien zu machen, und so plante ich kurzfristig, nach Arabien zu fliegen und dort ein paar schöne Tage am Meer und in der Wüste zu verbringen. Ich wollte einige Gebiete am Rande eines Gebirges besuchen, wo ich noch nie war, und gab meinem bevorzugten Reiseveranstalter den Auftrag, einen passenden Reiseverlauf zu organisieren. Schon bald kam der Bescheid, Arabien sei hoffnungslos überbucht und ich hätte wohl keine Chance, die von mir angestrebte Reise durchzuziehen. Noch hatte ich keine Panik, ich bekräftigte vielmehr meine Absicht nach dieser Reise und änderte alle allfälligen Widerstände zu meinen Gunsten. Doch zu meiner Verwunderung mußte ich feststellen, daß sich in der kurzen Zeit, die noch zur Verfügung stand, nichts mehr ändern ließ. Ich mußte meine Pläne verschieben und fuhr erst einmal ins Allgäu, wo ich eine wunderbare Woche im Schnee verbrachte. Die Arabienreise sollte etwas später über Ostern stattfinden, der Buchungsauftrag dafür wurde gleich erteilt.

Als ich dann auf dieser Reise in den Emiraten und im Oman unterwegs war, verstand ich den Grund, warum mein Reisewunsch im Februar vom Universum nicht akzeptiert worden war. Einheimische erklärten mir, starke Regenfälle und ungewohnt schlechtes Wetter hätten nicht nur das Baden im Meer unmöglich, sondern auch viele Straßen und Pisten im Landesinnern überflutet und unpassierbar gemacht. Pässe in den Bergen seien wochenlang gesperrt gewesen. Meine tatsächliche Reisezeit fiel dann auf die ersten zwei Wochen im Frühling, als das Meer wieder genügend warm zum Baden war und die Straßen nach der Überflutung wieder generell geöffnet waren. Das Universum oder mein Inneres Selbst hatte also mehr gewußt als ich selbst und hatte meine Absicht, „*jetzt im Februar* eine spannende und sichere Arabienreise durchzuführen", überstimmt (*overruled*). Natürlich war ich im nachhinein äußerst dankbar für das Eingreifen des Oberschiedsrichters aus der höheren Warte, er hatte mich schließlich vor Unwissenheit und Schaden bewahrt.

Roberta wollte ein Buch kaufen, von dem eine flüchtige Bekannte geschwärmt hatte. Sie fand es in ihrer Lieblingsbuchhandlung. Als sie an der

Kasse mit ihrer Kreditkarte bezahlen wollte, konnte der elektronische Kaufabschluß nicht getätigt werden. Die Verkäuferin fragte sie, ob etwas mit ihrer Karte nicht stimme, denn das System sei nicht überlastet. Roberta verneinte, sie hatte kurz zuvor mit derselben Karte etwas zum Anziehen gekauft. Sie versuchte es noch ein-, zweimal, doch ohne Erfolg. Darauf versuchte sie es mit einer zweiten Karte, doch auch diesmal klappte es nicht mit dem Bezahlen. Unbeirrt machte Roberta weiter und bat ihre Kollegin, die sie begleitete, um Bargeld, damit sie das Buch mit nach Hause nehmen konnte. Die Freundin tat ihr den Gefallen, und Roberta erstand das Buch, ein „Selbsthilfebuch" notabene. Zuhause machte sie sich gleich ans Lesen, doch zu ihrer Überraschung enttäuschte sie das Buch auf der ganzen Linie. Nun war Roberta klar, warum sich ihre Absicht, das Buch zu kaufen, nicht so leicht ausführen ließ. Ihr Oberschiedsrichter hatte sie überstimmen und vor diesem Fehlkauf bewahren wollen. Nun, Roberta hatte durch dieses Erlebnis einiges gelernt, was den Kaufpreis vielleicht sogar rechtfertigte, und sie nahm sich vor, beim nächsten Mal mehr auf die kleinen Botschaften des Lebens zu achten.

Die kleinen und größeren Mißgeschicke unseres Alltags und unseres Lebens sind oft Hinweise dafür, daß der eingeschlagene Weg aus einer höheren Warte nicht der optimale ist. Wenn wir uns hellhörig zeigen, anstatt auf unser „Recht" zu pochen, können wir Änderungsoptionen zu unseren Gunsten eher erkennen und wahrnehmen. Wenn sich unsere Absichten, Ziele und Bestrebungen nicht mit dem Höheren Wissen um unser Gutes decken, dann wird ihnen das Universum möglicherweise nicht entsprechen, um uns vor Schaden und Leid zu bewahren. Doch da wir auf der Ebene des freien Willens leben, kann es sich auch zurückhalten, damit wir durch unsere Erfahrungen lernen können.

Grundsätzlich ist es so, daß sich eine Absicht um so leichter erfüllt, wenn sie unserem Besten dient. Wenn sich das Universum mit der Erfüllung einer Absicht Zeit läßt, dann können wir sicher sein, daß auch dies zu unserem Besten ist. Entweder sind wir noch nicht soweit und brauchen Zeit, um das Beabsichtigte auch empfangen zu können, oder das Universum braucht Zeit, da es unseren Absichten im gegenwärtigen Rahmen nicht entsprechen kann. Wenn sich unsere eindeutigen Absichten nicht sofort erfüllen, dann brauchen wir auf jeden Fall nicht an unseren mitschöpferischen Fähigkeiten zu zweifeln. Wir sollten vielmehr in Betracht ziehen, daß es für alles einen richtigen Zeitpunkt gibt und daß der Oberschiedsrichter diesen Zeitpunkt kennt – und darüber hinaus auch unsere tiefsten Bedürfnisse.

Das Universum verhält sich ganz grundsätzlich **immer** zu unseren Gunsten. Wir müssen nur verstehen, was es uns sagen will. Das Universum spricht zu uns, leitet uns mit einem leisen Ja oder Nein, besonders dann, wenn wir nicht sicher sind, ob unsere Absichten aus unserem Herzen kommen oder aus unserem Verstand. Und darum geht es im nächsten Kapitel.

20 Der Lebensbaum in der Kabbala

Das Phänomen des *Overruling* setzt voraus, daß es eine Höhere Macht und eine Höhere Absicht gibt, die die persönlichen Ziele und Absichten überstimmen kann. Um dies etwas besser verständlich zu machen, möchte ich die Darstellung des Lebensbaums aus der Kabbala heranziehen, wie sie im wunderbaren Buch *Die Kabbala* von Heinrich Elijah Benedikt beschrieben ist.

Das Bild des Lebensbaums ist ein Versuch, die schöpferischen Ebenen und die Zusammenhänge des Universums darzustellen und zu erklären. Ganz unten im Lebensbaum finden wir ***Malkhut***, das *Königreich. Malkhut* ist unsere geschaffene Welt, die Realität, die wir so vorfinden, wie wir sie geschaffen haben. *Malkhut* ist unser sichtbarer Ausdruck auf Erden, die fleischgewordene Schöpfung.

Auf der linken Seite darüber finden wir ***Hod,*** was *Glanz* und *Herrlichkeit* bedeutet. Hier sind unser Verstand und unser Intellekt angesiedelt, und der Name deutet darauf hin, daß Intellekt und Verstand unserem Menschsein Glanz und

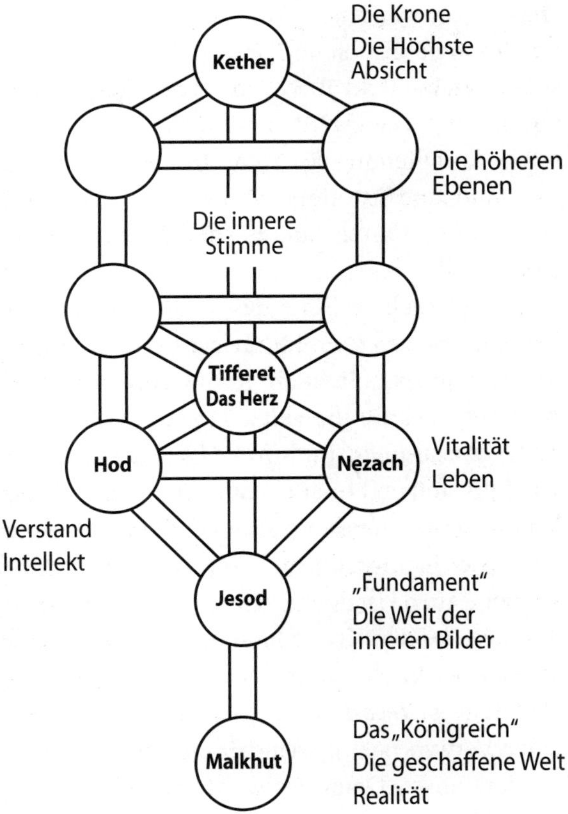

Abb. 3 Der Lebensbaum

Herrlichkeit verleihen, weil sie uns vom Rest der Schöpfung abheben und unterscheiden. Da Verstand und Intellekt aber damit stehen und fallen, wie sie eingesetzt werden, wird hier in *Hod* auch schon das Dilemma des Menschseins ersichtlich. Verstand und Intellekt *können* zu Glanz und Herrlichkeit führen, tun es aber längst nicht in jedem Fall.

Auf der rechten Seite des Baums finden wir ***Nezach***. *Nezach* steht für unsere Lebensenergie, Vitalität und Sinnlichkeit, für unsere Triebe und Antriebe, also für die ganze Lust am Leben.

Das Zusammenspiel von *Hod* und *Nezach*, von Verstand und Intellekt auf der einen und von Vitalität und Sinnesantrieb auf der anderen Seite läßt unser Königreich auf Erden entstehen.

Doch halt, da ist doch noch das Nadelöhr, durch das diese beiden Kräfte hindurch müssen, bevor sie sich wirklich manifestieren können. Dieses Nadelöhr ist ***Jesod***, *Basis* oder *Fundament* einer jeden Verwirklichung. Und das ist ein sehr spannender Punkt. Denn *Jesod* ist die vorstellende und bildschaffende Instanz unseres Bewußtseins. *Jesod* ist Sitz der Imagination, vor allem aber des Ich-Bildes und des Weltbildes, das wir in uns tragen. Hier liegt die eigentliche *Crux* aller Manifestation. Wir könnten etwa mit Wilhelm Tell sagen: „Durch diese hohle Gasse muß er kommen.“ Denn jeder Impuls von innen, jeder Antrieb oder Ausbruch von Kreativität und Lebensfreude, muß der Prüfung durch *Jesod* standhalten, bevor er sich manifestieren kann. Hier in *Jesod* sind unsere Glaubenssätze und Überzeugungen beheimatet, und sie entscheiden, was „passieren“ kann und was nicht, was durchgeht und verwirklicht wird, was hängen und damit nur ein Gedanke, ein Wunsch, bleibt. Dies alles wird von *Jesod*, von unserem Ich- und Weltbild entschieden. *Jesod* zu öffnen und zu weiten, es durchlässig zu machen, ist eine ganz wichtige Aufgabe für uns. Schließlich wollen wir ja nicht, daß unsere Absichten an unserer kleinkarierten „Einstellung“ hängenbleiben. Es gilt, das Nadelöhr zu weiten.

Jesod ist also das Dia, das die Energie des Urlichts abschließend einfärbt, bevor es auf der Leinwand des Lebens als Realität erscheint. *Jesod* ist die Linse, die das schöpferische Licht passieren muß, damit es sich in unserer Welt ausdrückt. *Jesod* bestimmt, wie weit oder wie eng diese Linse ist, wieviel Licht hindurchkommt und wie die Erscheinungen in dieser irdischen Welt sind. In *Jesod* wird entschieden, ob Freude oder Leid erscheint, ob sich Fülle oder Mangel manifestiert. Schon der griechische Philosoph Epiktet hat einmal gesagt: „Woran der Mensch leidet, ist nicht die Welt oder das Leben, sondern es sind die Bilder, die er sich von ihnen macht.“

Heinrich Elijah Benedikt entwirft ein wunderbares Bild zum besseren Verständnis der Zusammenhänge. Er vergleicht die unteren Ebenen des Lebensbaums mit einer Kutsche. Die Kutsche (*Malkhut*) ist das, was auf der Erde rollt. Der Verstand (*Hod*) ist der Kutscher, die Lebensenergie (*Nezach*) sind die Pferde, die das Gefährt ziehen. „Die Kunst des Kutschers“, sagt er „ist, die Pferde zu lenken, das heißt, ihre ganze Kraft zur Entfaltung zu bringen, sie zu nutzen und mit ihnen, das heißt mit unseren Bedürfnissen und unserer Vitalität, in solch vollendeter Harmonie zusammenzuschwingen, daß wir sie mühelos dahin lenken können, wohin wir sie lenken wollen.“

Doch worum geht es eigentlich bei der ganzen Kutschenfahrt, wem dient sie und wozu der ganze Aufwand? Um dies zu erkennen, müssen wir im Lebensbaum eine Stufe höher steigen. In seiner Mitte, direkt über *Hod* und *Nezach*, finden wir ***Tifferet***. *Tifferet* bedeutet *Schönheit* und meint unseren Kern, unser eigentliches Wesen, unser

„Herz". *Tifferet* versinnbildlicht das Licht in uns, Schönheit und Glanz unseres wahren Wesens, all das, was wir von Gott her *sind* und wozu wir berufen sind, hier in der Welt Zeugnis abzulegen. *Tifferet* ist sozusagen der Sitz unserer individuellen Absicht.

Bei der ganzen Kutschenfahrt geht es also um *Tifferet*, um das *Herz*. Das *Herz,* der individuelle Kern, ist gleich einem Prinzen oder einer Prinzessin, der oder die in der Kutsche sitzen. Um ihn, um sie geht es beim ganzen Geschehen überhaupt. Um ihretwillen sind da überhaupt Pferde, Kutscher, Kutsche und die ganze Aufmachung. Und es wird deutlich, daß der Kutscher, der Verstand, nicht der Herr ist, sondern des Herren oder der Herrin Knecht und Wagenlenker.

Und was will dieser Prinz, was will diese Prinzessin? Das Sonnensymbol, welches für *Tifferet*, für das Herz steht, ist der sinnbildliche Ausdruck dafür, daß hier in unserem Herzen ein Licht und Feuer brennt, das nach außen strahlen möchte. Das Herz ist der Sitz der Individualität, das heißt der Art und Weise des Seins, wie ich als Mensch von Gott gedacht bin. Denn in jedem von uns offenbart sich Gott in spezifischer Gestalt. Diese Gestalt ist unsere Individualität. Und die Sprache des Herzens ist unsere individuelle Absicht.

Der Sinn des äußeren Lebens, unserer Realität, ist nichts anderes, als daß wir das ausdrücken und verwirklichen, was wir in unserem Herzen empfinden. Kutscher, Pferde, Wagen, all das ist nur dazu da, die Bedürfnisse des Herzens, des Prinzen oder der Prinzessin in unserm Inneren, zu verwirklichen und *Malkhut*, unser Königreich auf Erden, zu schaffen. Es gilt also, die Absichten des Herzens von den Überlegungen und Wünschen des Verstandes und von den Bedürfnissen unserer Natur und Lebenskraft zu unterscheiden. Es geht darum, bewußter zu leben und den Auftrag unseres Lebens zu verwirklichen und göttliches Sein als Individuum in der Welt zu offenbaren.

Und wie kann uns das gelingen? Dies ist einfach und schwierig zugleich. „Wessen das Herz voll ist, dessen fließt der Mund über", hat Jesus einst gesagt. Und tatsächlich: Die Impulse des Herzens dringen von allein nach außen, *wenn wir sie denn lassen.* Sie kommen von innen an die Oberfläche, und wenn wir sie ernst nehmen und ihnen nachgehen, kommen immer mehr davon, und unser Leben wird zu einem offenen Buch. Was vielleicht mit einem Tröpfeln anfängt, weitet sich bei zunehmender Beachtung allmählich aus und wird zu einem immer mächtigeren Strom, von dem wir uns führen und tragen lassen können. Es ist der Strom der Erfüllung und Verwirklichung, der durch uns fließt.

Obwohl es sehr interessant wäre, den Lebensbaum und seine Bedeutung weiter zu erörtern, würde dies hier zu weit führen. Doch unsere anfängliche Frage nach dem *Overrulen* ist ja noch unbeantwortet.

Ganz oben im Lebensbaum der Kabbala finden wir ***Kether***, *die Krone, das allumfassende Licht. Kether* ist die höchste Ebene der Schöpfung (eigentlich ist es das Universum *vor* jeder Schöpfung), die Ebene der Höchsten Absicht. Auf der Abbildung sehen wir, daß von *Kether* eine direkte Linie zum Herzen geht, die als **die innere Stimme** bezeichnet wird. Die Höchste Absicht steht also in steter Verbindung und Kommunikation mit dem Herzen, mit der individuellen Absicht.

Um die ursprüngliche Frage nach dem „Oberschiedsrichter" zu beantworten, gilt es, Folgendes zu beachten. Von der Höchsten Absicht geht auch eine direkte Linie in die geschaffene Welt ganz nach unten. Wenn nun das Herz verkannt oder nicht einbezogen wird, kann *Kether*, die Höchste Absicht, jederzeit eingreifen und entweder direkt oder über den Weg der Güte und Milde (rechte Säule des Lebensbaumes) oder aber der Strenge (linke Säule des Lebensbaumes) die Realität der geschaffenen Welt beeinflussen.

Wo auch immer wir sind und was auch immer wir tun, wir sind immer mit dem Höchsten verbunden, wir sind nie von unserem Ursprung und von unserer höchsten Entwicklung getrennt oder abgeschnitten. Daher sagt ein Weiser Indiens:

Du bist niemals allein
oder hilflos.
Die Kraft, die die Sterne lenkt,
lenkt auch dich!
Shrii Shrii Anandamurti

21 Die Krone der Schöpfung

Kether, die Krone, ist Ausgangspunkt und Kulminationspunkt der Schöpfung zugleich, ist erste und letzte Instanz, ist Ursprung und Hintergrund aller Erscheinungen. Was immer in Erscheinung tritt, erwächst aus dem Nichts, das Alles sein kann, was Es sein will. Alles, was im Zusammenwirken von Bewußtsein und Energie möglich ist, kann in Erscheinung treten, wird aus dem Formlosen in Formen gebracht. Die Krone ist der unergründliche „Himmel", ist das, was immer ist und immer war und sein wird immerdar. Ist Mysterium, der Hintergrund, hinter den wir nicht schauen können und aus dem doch alles entspringt. Und so wird die Höchste Absicht für uns immer ein Geheimnis bleiben. Wir können es nicht „fassen", wir können es nicht „begreifen", und doch können wir etwas „tun". Wir können Ihm Ausdruck verleihen. Alles, was wir sind und was wir tun, verleiht dem Höchsten Ausdruck. Wir sind nicht nur mit dem Höchsten verbunden, wie das Bild des Lebensbaums aus der Kabbala zeigt, wir sind „das Höchste", indem wir der

Ausdruck des Höchsten sind. *Individuum* bedeutet *unteilbar*, und es meint, daß wir unteilbar und untrennbar *mit dem Höchsten – und mit der Höchsten Absicht – verbunden* sind.

Die Höchste Absicht entfaltet sich nicht nur durch alles, was im Universum und in allen Universen geschieht, sondern auch explizit durch jedes Individuum, also durch jeden und jede von uns Menschen. Von *Kether*, der Krone der Schöpfung, von der Höchsten Absicht, führt eine Verbindung direkt in unser Herz, in unser Innerstes. Durch unser Herz haben wir also Zugang zum höchsten Wissen und Geschehen, durch unser *Herz* haben wir Verbindung zu All-dem-was-ist. Unsere Absicht ist also Gottes Absicht, denn Gott läßt uns mitgestalten, läßt uns mitschöpfen und zu dem erwachen, was unser eigentliches Erbe ist.

Durch jeden und jede von uns wirkt die höchste schöpferische Energie, und jeder und jede von uns hat direkten Zugang zum höchsten Wissen und Gewissen. Jede und jeder von uns kann „Gespräche mit Gott" führen, da wir untrennbar mit Gott verbunden sind. Und da jede und jeder über diesen Kanal zu Gott verfügt, sind diese Gespräche auch stets persönlich. Sie gelten für die betreffende Person, und sie gelten für die betreffende Person mehr als für die Allgemeinheit. Menschen, die ihren Zugang zu Gott an die große Glocke hängen und aus diesem Zugang für andere etwas herleiten, sind mir manchmal suspekt. Sie erkennen zuweilen nicht das wahre Wesen Gottes als allgegenwärtige, alles umfassende, hintergründige „Wesenheit". Gott ist multidimensional, und Er entfaltet durch jede und jeden von uns eine eigene, einzigartige Facette von Sich selbst. Was für den einen wahr ist, kann für jemand andern genau umgekehrt sein. Denn „im Haus des Vaters gibt es viele Wohnungen", wie Jesus einmal gesagt hat. Aber das beinhaltet auch, es ist letztlich *ein* Haus, das wir zusammen bewohnen, und deshalb ist es durchaus angebracht, einander zu respektieren und als seinesgleichen zu behandeln.

Absicht lenkt schöpferisches Geschehen. Absicht ist die Ursache allen schöpferischen Geschehens. Es ist die Absicht Gottes, des Höchsten Bewußtseins, ein schöpferisches Spiel zu entfalten, an dem wir teilhaben und bei dem wir uns entwickeln und entfalten können. Doch wie können wir uns in die göttliche Absicht einklinken, wie an ihr teilhaben? Wie können wir Gott nahe sein und Seine Stimme, die unsere Innere Stimme ist, wahrnehmen?

Im Grunde genommen ist alles ganz einfach. Es geschieht, indem wir uns Ihm nahe fühlen. Es geschieht, indem wir wissen, daß wir eins sind mit dem Höchsten Bewußtsein und daß es das Höchste Bewußtsein ist, welches sich durch uns ausdrücken möchte. Shrii Shrii Anandamurti beschreibt es wie folgt: „Er ist weit, weit weg für den, der glaubt, daß Er weit entfernt sei; und Er ist näher als nah für denjenigen, der Ihn nahe wähnt. Wer Augen hat zu sehen und wer Ihn nur ein kleines bißchen kennt, der weiß, daß Er sich direkt in seinem Lebensgefühl versteckt und in den Wünschen seines Herzens, Er ist sein Höchstes Strahlen und Leuchten. Um Ihn zu suchen und zu finden, ist es keineswegs nötig, von einem Ort zum nächsten zu laufen."

Die Höchste Absicht äußert sich demnach in unserem ureigenen, eigentlichen Sein. Wo immer wir sind, da ist auch Gott.

22 Die sabotierte Absicht

Der Höchsten Absicht zu folgen ist eigentlich das Natürlichste auf der Welt. Alles Leben folgt der ihm innewohnenden Absicht. Alle Lebewesen, Pflanzen und Tiere, folgen der ihnen innewohnenden Absicht und entwickeln und entfalten sich ihr entsprechend. Auch für uns Menschen wäre es das Natürlichste auf der Welt, unserer inneren Absicht zu folgen und sich ihr gemäß zu entfalten. Wie gesagt, es wäre. Denn in Tat und Wahrheit ist es allzu oft anders. Statt der inneren Absicht zu folgen, sabotieren wir diese, indem wir sie ignorieren oder verwerfen. Wir folgen nicht unserem Herzen, sondern vielleicht den Erwartungen, welche unser Umfeld, Familie oder Gesellschaft, an uns richten.

Eine junge Frau, Gundula, war Lehrerin geworden, so wie ihre Mutter es selbst gern geworden wäre. Gundula mochte zwar ihre Arbeit, aber ihr Herz gehörte dem Sport, und nun, da sie erwachsen war und selbst entscheiden konnte, wäre sie gern an eine Sporthochschule gegangen, wo, wie sie es empfand, die nächste Herausforderung ihres jungen Lebens auf sie wartete. Da sie sich den Schritt nicht so ohne weiteres zutraute, fragte sie ihre Eltern um Rat. „Du hast doch jetzt eine Stelle, verdienst Geld, kannst dir eine Wohnung und einen Wagen leisten, was willst du noch mehr?!"

Gundula gefiel die Antwort nicht besonders, sie hatte eigentlich auf Unterstützung für ihr Anliegen gehofft. Also fragte sie noch weitere Personen um Rat. Doch auch deren Antworten boten keine Unterstützung. „Was willst du? Sei doch zufrieden!" wurde ihr von allen Seiten gesagt. Mittlerweile war Gundula derart verunsichert, daß sie ihr Herzensanliegen nicht weiter verfolgte. Dieses war an *Jesod*, am Ich- und Weltbild der beteiligten Personen gescheitert. Gundulas Ich-Gefühl und Ich-Bild waren nicht stark genug, auf daß sie ihrem inneren Ruf hätte folgen können, und ins Weltbild der befragten Personen paßte es offenbar nicht, daß jemand einen eigenen Weg geht und andern Ansprüchen folgt als jenen der Sicherheit und des Versorgtseins Also blieb sie ihrem Beruf treu.

Nun, Gundula hatte eine ein paar Jahre jüngere Schwester, Marisa. Auch diese wollte, als sie die Zeit dafür gekommen sah, dem Ruf ihres Herzens folgen und Malerin werden. Sie hatte zwar erfolgreich ein Studium als Erzieherin abgeschlossen, aber ihre Berufung fühlte sie woanders. Sie wollte ins Ausland gehen und Malen lernen und als Künstlerin ihren Weg machen. Als sie ihre Familie davon in Kenntnis setzte, verweigerte diese die Unterstützung. Man hatte schließlich für das Studium bezahlt, nun sollte die Tochter gefälligst ihren Lebensunterhalt selbst verdienen. „Du hast einen Beruf, mach was draus", wurde ihr gesagt. Doch ihre Berufung, das wußte Marisa, war das Malen.

Da ein Stipendium nicht zu bekommen war, entschloß sich Marisa, das Geld für ihren Lebensunterhalt nachts in einem Pub als Serviererin zu verdienen. Als ihre Mutter davon erfuhr, ließ sie ihrer Tochter das nötige Studiengeld hinter dem Rücken des Vaters zukommen. Und nachdem sich erste Erfolge einstellten, gab auch der Vater seinen Widerstand auf. Gut zehn Jahre nach ihrer hartnäckigen Entscheidung war Marisa auf dem besten Weg, eine bekannte Malerin zu werden. Sie hatte bereits Verträge mit Galerien in London, New York, Berlin und in der Schweiz.

Die Absicht zu malen drückte sich durch Marisa mit großer Vehemenz aus. Das Universum wollte durch sie malen, und Gott sei Dank ließ sie sich durch nichts und niemanden davon abhalten.

Der natürliche Prozeß des Lebens ist, der inneren Stimme zu folgen. Es gilt, die inneren Absichten zu ent-sabotieren, die Hindernisse aus dem Weg zu räumen, dem inneren schöpferischen Potential zu vertrauen. Niemand kann unser Leben für uns leben. Wir kommen allein auf diese Welt, und allein nehmen wir wieder Abschied. Und wir allein können beurteilen, ob wir unser Leben gelebt und unseren Daseinszweck, unsere Mission, erfüllt haben. Das Wort *Mission* kommt aus dem Lateinischen und bedeutet so viel wie *Sendung*. Unsere Mission ist demnach „das, wofür wir geschickt wurden". Wir wurden von unserer inneren Absicht für einen bestimmten Zweck hierher geschickt. Wir sind hier, um unsere ureigenen Anliegen zu erfüllen. Verpassen wir diesen unseren Auftrag nicht!

Nicht immer geht es um unsere Berufung, wenn wir unsere Absicht sabotieren. Oft ist es ganz einfach so, daß wir eine Absicht aussenden, und wenn uns das Universum dann die entsprechenden Angebote macht, reagieren wir nicht darauf. Grundsätzlich läßt uns die Absicht nie im Stich, wir aber allzu oft die Absicht.

Karl hatte das Universum um einen Rat für sein Aktienportfolio gebeten. Kurz darauf fiel ihm in seiner Wirtschaftszeitung eine Neuemission ins

Auge, und er hatte das starke Gefühl, sich hier engagieren zu müssen. Bevor er kaufte, fragte er einen Bekannten aus dem Bankgeschäft um Rat, doch dieser empfahl ihm statt der Neuemission bestimmte Fonds zum Kauf. Karl ließ sich überreden und kaufte die Fonds, allerdings ohne sonderliche Begeisterung. Während die neu emittierten Aktien ihren Wert binnen kurzem um das Achtfache steigerten, dümpelten die Fondspapiere so dahin, um schließlich in eine allgemeine Baisse einzustimmen.

Karl hatte „die Geister gerufen" – er hatte die Absicht bemüht, ihm in Aktiendingen beizustehen –, doch als er den entsprechenden Impuls erhielt, sabotierte er diesen und vertraute statt seiner inneren Stimme einem so genannten Fachmann.

Hilfe kommt, wenn wir sie anfordern – so funktioniert das Universum. Wenn die innere Absicht allerdings an *Jesod* scheitert – an unserem Ich- oder Weltbild –, dann ist guter Rat teuer.

„In Wahrheit ist es würdig und recht, billig und heilsam …", heißt es in der Bibel. So gehen wir am besten den billigen rechten Weg der inneren Absicht, denn er ist heilsam und erfolgreich.

23 Restaurant Universum

Vermutlich haben Sie diese Idee schon einmal gehört, daß das Universum funktioniert wie ein kosmisches Restaurant. Die Speise- und Getränkekarte in diesem Gasthaus ist enorm. Hier finden wir alles, wonach uns Sinn und Gaumen stehen. Was immer wir möchten, wird hier angeboten. Wir brauchen nur zu bestellen, und die Bedienung bringt uns das Gewünschte. Selbst wenn es etwas Ausgefallenes ist, werden Koch und Küche einen Weg finden, unsere Bestellung zu erfüllen, auch wenn es in einem solchen Fall etwas länger dauern kann. Wir können das Tagesmenu wählen, das viele andere auch haben, und es ist besonders preiswert und kommt schnell auf den Tisch. Oder wir können uns selbst etwas zusammenstellen, worauf wir Lust und Appetit haben. Was immer wir wählen, die Bedienung bringt es, ob viel, ob wenig, was auch immer wir wollen. Selbst wenn wir uns dabei den Magen verderben, wird uns niemand davon abhalten. Dem Restaurant ist es egal, es ist hier, um die Wünsche der Kunden und Besucher zu erfüllen. „Sie bestellen, wir liefern!" heißt die Devise.

Wir gehen also hinein, setzen uns an einen Tisch und richten uns ein. Die Bedienung kommt und fragt: „Haben Sie schon gewählt?“ Wenn wir uns entschieden haben, notiert sie unsere Bestellung, wenn nicht, sagt sie vielleicht: „Ich komme später noch mal vorbei.“ Es gibt nämlich viele Menschen, die nicht wissen, was sie wollen, oder die ihren Geschmack und ihre Vorlieben vielleicht zu wenig kennen. Aber bestellen müssen wir, sonst kriegen wir nichts, so sind nun mal die Spielregeln. Wer nichts bestellt, bekommt nichts und ist selber schuld.

Dann gibt es jene, die zuhören, was andere wollen, und wenn dann einer sagt: „Ich nehme die Spaghetti ai funghi“, dann schließen sie sich an und sagen: „Ich auch, ich auch“, ich auch“. Hauptsache, es gibt was zu futtern! Aber es ist *unser* Mittagessen, es ist *unser* Leben. Wir sollten unserem Magen gönnen, was er mag oder vielmehr was wir mögen. Und es lohnt sich, sorgfältig auszuwählen.

„Die Wahl für den Lebensweg liegt beim Individuum“, sagt Edgar Cayce, der schlafende Prophet, und fährt fort: „Und diese Wahl muß vom Individuum entsprechend seinem höchsten Ideal getroffen werden“. Für viele Menschen mag dies eine schwierige Erkenntnis sein, aber sie ist wahr:

Es ist niemand da draußen, der weiß, wie unser Leben aussehen soll und was für uns richtig ist. Aber wir haben ja noch unser Inneres. Denn für dieses Ideal sind das Herz und die innere Stimme zuständig. Das Ziel, das Ideal unseres Lebens, kommt aus uns selbst. *Wessen das Herz voll ist,* das ist unser Ideal! „Liebe geht durch den Magen“, weiß der Volksmund, denn Liebe ist das, was wir mögen. Und Liebe bedeutet, unser Leben mit dem zu verbringen, was wir mögen.

Doch zurück zu unserem Restaurant. Wir *müssen* also bestellen, und wir bestellen entweder automatisch und unbewußt oder ganz bewußt und sorgsam. Und wir bekommen, was wir bestellt haben. Was immer wir in unserem Leben bekommen, wir haben es auf irgendeine Weise verursacht. Vielleicht haben wir es nicht bewußt bestellt, aber unbewußt haben wir eine Art von Bestellung aufgegeben.

Nun wissen wir: Wenn uns nicht gefällt, was die kosmische Bedienung uns bringt, dann können wir etwas Neues bestellen. Wir können nämlich alles ändern! Wir brauchen die Suppe nicht mehr unbedingt auszulöffeln, die wir uns eingebrockt haben. Zu ändern bedeutet, eine neue Bestellung aufzugeben, eine neue Absicht zu installieren.

Die neue Absicht hebt die alte auf und verursacht eine neue, eine erwünschte Realität.

Natürlich dürfen wir beim Bestellen die Bedienung nicht verrückt machen. Wenn wir uns Speisen bringen lassen und diese immer wieder zurückschicken, wird es der Bedienung irgendwann mal zu bunt. Sie wird sich weigern, uns weiter zu bedienen und uns vielleicht sagen: „Melden Sie sich wieder, wenn Sie genau wissen, was Sie wollen."

Was und wieviel wir bestellen, das ist ganz allein uns überlassen. Die Aufgabe des Universums ist es, Absicht zu verwirklichen und das Bestellte zu liefern. Professor Kurt Tepperwein hat einmal gesagt: „Ob wir einen alten VW-Käfer verursachen oder einen bordeauxroten Rolls Royce mit goldenen Griffen, erfordert genau den gleichen Bestellaufwand." Und er hat recht. Eine Bestellung ist eine Bestellung. Das kosmische Restaurant urteilt nicht, es hat keinen moralischen Anspruch. Es liefert aus. Daß wir letztlich alle mit einem bordeauxroten Rolls Royce oder einem roten Ferrari Testarossa herumfahren, diese Gefahr besteht wohl nicht. Erstens haben wir durchaus verschiedene Vorlieben. Was aber noch hinzukommt, ist, daß all unsere Absichten, Wünsche und Bestellungen vor ihrer Verwirklichung am

Ende das Nadelöhr von *Jesod* passieren müssen, also vor unserem Ich- und Weltbild bestehen können müssen. Die Frage ist also: Trauen wir uns diese Portion überhaupt zu? Finden wir es schicklich, so etwas zu bestellen und zu beanspruchen? Hier bei unsern Bildern und Überzeugungen wird entschieden, was wirklich auf den Tisch unseres Lebens kommt.

Es lohnt sich also, unserem Menu und unserer Bestellung die gebührende Aufmerksamkeit zukommen zu lassen. Es lohnt sich, sich Rechenschaft darüber zu geben, was wir von unserem Leben wirklich wollen, welches Ich, welche Welt wir anstreben und verwirklichen wollen. Es lohnt sich auch, dabei etwas über die eigene Nase hinaus zu denken. Es mag sich lohnen, Fragen zu stellen wie: Dient das Beabsichtigte wirklich mir selbst und anderen Menschen? Ist es wirklich das, was ich zutiefst will? Denn was auch immer unsere Absicht ist, ihre Konsequenz ist unser Leben, unsere Erfahrung, unsere Realität. Und wie sagt schon der Volksmund: „Hütet euch vor euren Wünschen, denn sie könnten in Erfüllung gehen.“ Jede Absicht tendiert zu Erfüllung und Verwirklichung. Deshalb sollte es eine gute Absicht sein.

24 Das Nadelöhr

Ein Nadelöhr ist die enge Stelle in einem Nadelkopf, durch die der Faden eingefädelt werden muß, damit man etwas stricken oder nähen kann. So eine enge Stelle ist *Jesod,* der Sitz unserer Bilder- und Vorstellungswelt, der Sitz unseres Ich- und Weltbildes und damit unserer Glaubenssätze. Die ganze Lebenskraft des Universums, die uns durchströmt, muß auf dem Weg zur Verwirklichung durch diese mehr oder weniger enge Stelle hindurchtreten. Unsere inneren Bilder entscheiden, was von den schöpferischen Energien sich wie verwirklicht und was tatsächlich eine Realität auf unserer irdischen Ebene wird.

Jesod ist damit eine Art Linse, die sich öffnen und schließen kann und je nach *Einstellung* mehr oder weniger Licht, Farbe und Form durchläßt. Es ist also unsere Einstellung, unsere innere Haltung (englisch *attitude)*, welche bestimmt, was auf dem Teller unserer Realität serviert wird. Wie also ist unsere „Einstellung“ uns selbst und der Welt gegenüber? Wie ist die Einstellung zu dem, was wir verdienen, was uns zusteht? Wie zu unserem Partner, wie zu unseren Mitarbeitern?

Mit unserer „Einstellung“ bestimmen wir, was sich manifestiert oder vielmehr manifestieren darf. Mit dem *Ändern* ändern wir darum vor allem unsere Einstellung, unsere Erwartungshaltung und damit die inneren Bilder und Glaubenssätze. Jetzt geben wir die Erlaubnis, damit etwas anderes sein darf, als bisher von unserer Bilder- und Vorstellungswelt erlaubt und zugelassen war.

Jens Corssen drückt es so aus: „Du bist da, wo du bist, weil du nicht bereit bist für mehr.“

Viele Lehrer und Wissenschaftler haben sich ausführlich der inneren Bilderwelt und den Glaubenssätzen zugewandt. Seths Buch *Die Natur der persönlichen Realität* ist eine Fundgrube für die Wirkung von Glaubenssätzen und Einstellungen. Auch Anthony Robbins, das NLP und andere Menschen oder Systeme befassen sich ausführlich damit, diese zu verändern und Neuerungen im Unterbewußtsein (in der Bilderwelt von *Jesod*) zu verankern.

Die Wirkung der Bilderwelt und der Glaubenssätze ist unbestritten, aber Tatsache ist: Wir sind ihnen nicht hilflos ausgeliefert. Was immer wir kraft unseres Bewußtseins und kraft unserer Absicht in Auftrag geben – zum Beispiel beim *Ändern* –, „passiert“ *Jesod* (das bedeutet: geht hindurch) und *passiert* damit in unserer Realität. Bilder können verändert werden, die Linse kann weit geöffnet werden. Alles ist möglich.

Wählen Sie also täglich mit Absicht Ihre „Einstellung“! Und wählen Sie Ihre Absicht mit *Bedacht* – bedenken Sie, was Sie wirklich wollen. Wenn sich Ihre Absichten nicht verwirklichen und Ihre Bestellungen nicht gelingen, dann liegt es an Ihrer Einstellung. Sie müssen Ihr Bewußtsein neu einstellen, Sie müssen Ihre Linse weiten, damit Sie mehr von Ihrem Guten durchläßt.

Nichts ist unmöglich!
Unmögliches gibt es nicht!
Das Unmögliche existiert nicht!
Alles ist möglich!

Die Antwort der Engel

25 Die Absicht des Guten

ABSICHT ist, bevor Schöpfung geschieht. ABSICHT setzt Schöpfung in Gang, und alle Schöpfung ist Ausdruck der kosmischen ABSICHT. Alles, was ist, und alles, was geschieht, ist eine Manifestation der kosmischen ABSICHT, und als solche ist alles gut.

Als Gott das Leben und die Erde geschaffen hatte, sah Er, *daß es gut war,* wie es in der Genesis, der Schöpfungsgeschichte der Bibel, heißt. Gott, die Höchste Absicht, hat alles gut gemacht und macht alles gut. „Gut" ist dabei nicht das Gegenteil von schlecht, denn „gut" ist alles vor dem Entstehen der Polarität, vor dem Entstehen des Ur-teils, welches alles in gut und böse oder schlecht teilt. Das ursprüngliche Gute teilt sich also in unserer Erfahrung und für unsere Erfahrung (damit wir es besser wahrnehmen können) in gut und schlecht. Eigentlich und ursprünglich ist alles gut. Die Schöpfung kommt aus der Einheit in die Vielheit und mündet letztlich zurück in die Einheit. In der Involution teilt sich die Einheit zur Vielheit, und durch die Evolution kehrt sie zurück in die Einheit – auch wenn unsere gängige Auffassung von Schöpfungsgeschichte diese Rückkehr nicht vorsieht.

Alles ist von Grund auf gut. Auch der Mensch ist von Grund auf gut, all seine Gefühle und Gedanken sind von Grund auf gut. Sich selbst überlassen, also bar jedes Urteils und jeder Unterdrückung, kehren sie zurück zu ihrem Ursprung, von dem sie gekommen sind, kehren zurück zur Einheit in der Liebe. Wie das Gute ist Liebe nicht ein polares Gefühl, sondern die Basis aller Gefühle, die Grundlage allen Lebens. Alles Leben kommt aus der Liebe und kehrt letztlich zu ihr zurück.

Dunkle Jahrhunderte der Gehirnwäsche und Indoktrination haben den Menschen gelehrt zu zweifeln. Zu zweifeln an seiner Unversehrtheit, seiner Güte, seiner Herrlichkeit. Er wurde mit dem Makel der Sünde behaftet und verurteilt, ohne zu verstehen, was Sünde eigentlich bedeutet. Man sagte ihm, er sei aus dem Paradies verstoßen worden, und diese Schuld müsse er teuer bezahlen. Nun, Gott selbst hat das Paradies, die All-Einheit verlassen, um sich zu teilen und sich in der Vielheit zu verwirklichen. Sünde kommt von *sinte* und bedeutet nichts anderes als Trennung. An diesem natürlichen schöpferischen

Prozeß ist nichts Schlechtes, kein Makel haftet daran. Trotzdem ist der Mensch in den letzten Jahrhunderten in eine tiefe Verstrickung von Zweifel, Schuld und Sühne hineingeraten.

Doch nun sind, Gott sei Dank, andere Stimmen aufgetaucht, die uns an unsere göttliche Herkunft erinnern und uns ermuntern, unser eigentliches Erbe anzutreten. „Glaubt daran", sagt beispielsweise Seth, „daß ihr von Natur aus unbegrenzt seid, dafür geboren und dazu bestimmt, eure Grenzenlosigkeit und die Spontaneität eures Daseins zu manifestieren, so gut ihr könnt." Wir sind frei, die unglaubliche Kreativität unseres Daseins zu erfüllen und unser Gutes in Erscheinung treten zu lassen. Alles, was uns daran hindern kann zu manifestieren, *wessen unser Herz voll ist,* sind die alten Selbst- und Weltbilder, die nach wie vor in uns und um uns herumgeistern. Es ist höchste Zeit, ihnen eine endgültige und bleibende Absage zu erteilen. Lassen Sie sich nicht weiter „einmachen" oder in die Pfanne hauen. Bestimmen Sie Ihre Absicht selbst, öffnen Sie sich der Absicht Ihres Herzens und fordern Sie Ihr Gutes. Glauben Sie nicht länger, daß Sie es nicht verdient hätten, daß Sie noch leiden und büßen müßten. Jetzt ist der Zeitpunkt aller Kraft und aller Macht. Bestimmen Sie jetzt, was in Ihrem Leben sein soll und wie Ihr Leben sein soll. Konzentrieren Sie sich dabei nur auf das, was Sie wirklich wollen, alles andere ignorieren Sie am besten und schenken ihm keine Aufmerksamkeit. Nur Ihr Gutes ist interessant, denn nur Ihr Gutes wird Sie letztlich glücklich machen. Formulieren Sie Ihre Absicht und bekräftigen Sie sie, wann immer Sie wollen: Mein grenzenloses Gutes kommt jetzt zu mir." Glauben Sie an das Gute, nicht nur bei sich selbst, sondern auch bei anderen Menschen. Mit Ihrem Glauben daran bekommt das Gute Flügel, es wird sich entfalten und ausbreiten.

Vor bald vierzig Jahren begann Carl Rogers, dem Diagnostizieren und Urteilen in der Psychologie ein Ende zu setzen. Ohne zu be-urteilen nahm er die Menschen so, wie sie waren, nämlich einzigartig und speziell, ein jeder eine besondere Blume in Gottes wunderbarem Garten. Er entdeckte die ureigene Schönheit im Sosein eines jeden Menschen, sah nichts „Abartiges" und „Abnormales". In allem sah er das Besondere, das Wunder der Schöpfung. Durch dieses Annehmen, durch dieses Mitgefühl, begannen die Menschen sich zu öffnen, ließen allen Groll, allen Hader, alle Verschlossenheit los, und Rogers sah, wie sich alles zum Guten wandelte. In seinem

Buch *Die Kraft des Guten* hinterließ er ein einzigartiges historisches Dokument. Ab nun war der Mensch nicht länger in Sünde und Makel verstrickt. Urteilsfrei in seinem Sosein akzeptiert, kehrte er zurück in die Schönheit und Unversehrtheit des All-Einen. Das Mitgefühl und die Anteilnahme gaben dem Menschen sein Paradies zurück, und alles war gut.

Die Absicht des Guten bringt das Gute zurück, dies ist eine alte Weisheit und eine der tiefsten Wahrheiten überhaupt. Aus diesem Grund pflegt man in Klöstern das *immerwährende Gebet,* um die Kraft des Guten zu beschwören und herbeizurufen. Aus diesem Grund finden in allen Religionen Rituale statt, wird meditiert und kontempliert. Indem man sich der Höchsten Absicht öffnet, wird diese präsent. Obwohl bereits allgegenwärtig, wird sie in besonderem Maße präsent, und das menschliche Bewußtsein vereinigt sich mit seinen höheren Ebenen.

In jedem Augenblick unseres Daseins haben wir die Freiheit zu wählen, worauf wir unsere Aufmerksamkeit lenken wollen. Wir können nicht *zwei Herren dienen*, wie es im Evangelium heißt, aber wir können in jedem Augenblick entscheiden, welchem „Herrn“ wir unsere Aufmerksamkeit und unsere Energie widmen wollen.

Wenden wir uns den dunklen Mächten zu und nähren wir Groll, Haß und Mangel, oder wenden wir uns unserem Guten zu, der Fülle und dem Wohlergehen, und nähren sie mit unserer schöpferischen Absicht? „Wenn Ihr Euch auf Haß und auf das Böse konzentriert, dann erschafft Ihr es!" sagt Seth klar und deutlich. Gutes erschaffen wir dann, wenn wir uns auf das Gute konzentrieren.

Heute konzentrieren sich die Mächtigen dieser Welt weitgehend auf ihren Kampf gegen den Terrorismus. Dadurch wird der Terrorismus nicht verschwinden, im Gegenteil. Wenn sich die Menschen auf Brüderlichkeit, auf gegenseitige Hilfe und Unterstützung konzentrieren würden und darauf, daß alle in Freiheit, Würde und Wohlergehen leben können, dann wäre dies bestimmt die größere Hilfe. Wir müssen uns bewußt machen, wie unser Tun und unser Denken wirken, welche Konsequenzen sie haben, und welche eigentliche Absicht ihnen zugrunde liegt.

Beabsichtigen Sie Ihr Gutes! Beenden Sie Ihr Opfersein! Nehmen Sie die Kraft Ihrer Absicht in Besitz. Tragen Sie bei zum Guten dieser Welt. Tragen Sie bei zum Guten auf allen Ebenen.

Ihr Gutes will formuliert werden. Bringen Sie Ihre gute Absicht in eine Form, formulieren Sie

sie in Wort und Schrift. Bringen Sie Ihre Anliegen in eine manifeste Form, und eine entsprechende Realität wird sich öffnen. Bringen Sie Ihre Absicht, Ihre Gebete und Ihre Anliegen zum Ausdruck. Überlassen Sie Ihr Gutes und das Gute dieser Welt nicht weiter dem Zufall, übernehmen Sie vielmehr die Verantwortung, daß sich Gutes mehr und mehr zeigt, sowohl in Ihrem persönlichen Leben wie auch in dem von uns allen.

26 Noch ein Wort über „Gott"

Viele Menschen sprechen von „Gott“, rühmen sich ihrer besonderen Beziehung zu „Gott“ und vieles mehr. Politiker handeln „im Namen Gottes“, manchmal führen sie sogar Krieg in seinem Namen. Dabei ist ihr Gott ein rachsüchtiger und strafender Gott. Was ihm nicht paßt, wird verfolgt und ausgemerzt. Was ihm nicht entspricht und behagt, wird ausgegrenzt und „verteufelt“. Daraus ergibt sich schon, daß ein solcher „Gott“ (und deshalb setze ich hier auch die Anführungszeichen) ein polarer und somit begrenzter Gott ist. Ein solcher hat immer Gegenspieler, die mit ihm um die Vorherrschaft am Götterhimmel buhlen. Aber GOTT, das Höchste Bewußtsein, allgegenwärtig und all-liebend, ist etwas ganz anderes. Der höchste GOTT allen Seins ist bestimmt kein Erbsenzähler. Er ist ALLES. Es gibt nichts, was ER nicht ist. Und da GOTT ALLES ist, ist er zutiefst erlaubend und wohlwollend, eben all-liebend. ER ist ALLES und ALLES ist in IHM. Was immer möglich ist, ER erlaubt es.

Wenn Menschen sagen: „Mein Gott muß mir recht geben! Er sei strafend und richtend zugleich“, dann sagt GOTT: „Gut, wenn das dein Wunsch ist, dann kannst du das haben.“ ER erlaubt, daß sich jede Absicht verwirklicht. IHM ist jede Absicht recht, auch wenn sie völlig willkürlich oder eigenwillig ist. GOTT erlaubt. Bei allem scheint ER zu fragen: „Ist es das, was du wirklich willst?“ Und dann verfügt ER: „Gut, dann sollst du es so haben.“ GOTT wertet nicht, ER urteilt nicht, ER erlaubt. Was immer wir uns ausdenken und wünschen, GOTT erlaubt es. Absicht ist Absicht, und Absicht trägt nun mal den Drang zur Verwirklichung in sich.

GOTT erlaubt alles. Da uns Grenzenlosigkeit Angst machen kann, würden wir gleichwohl erwarten, daß ER irgendwann mal strafend eingreift. Auch wenn wir uns vielleicht nach Grenzen sehnen, GOTT ist grenzenlos. Und in dieser Grenzenlosigkeit Gottes können wir selbst bestimmen, wer und was wir sein wollen und was zu unserem Leben und zu unserer Welt gehören soll.

Du bist, was du dir nimmst, wurde mir einmal in einer tiefen Meditation gesagt. Ich erschrak ein bißchen über diese Worte. *Nehmen* war für mich wie für viele etwas anrüchig. In meiner Erziehung lernten wir nicht zu nehmen. Wir warteten, bis wir erhielten, und wir nahmen, was wir erhielten. *Zu nehmen* aber bedeutet *zu wählen, auszuwählen, was zu mir und zu meinem Leben gehört.* Wenn wir etwas wollen, sind Wünschen und Wollen nur eine Seite der Medaille. Die andere Seite ist das Nehmenkönnen, das Annehmen. *Du bist, was du dir nimmst* ist also eine Aufforderung, auch anzunehmen, was das Leben uns zu geben bereit ist. Nur wenn Sie (an)nehmen können, können Sie auch Ihre Absicht ernst nehmen. Und nur wenn Sie nehmen können, kann sich auch Ihre Absicht tatsächlich verwirklichen.

Du bist, was du dir nimmst ist keineswegs nur materiell gemeint, sondern bezieht sich vor allem auf den Bereich der *Freiheit des Geistes, die Welt neu zu sehen.* So ist beispielsweise Kunst vor allem ein Weg, die Welt neu zu sehen. Maler wie Henri Matisse oder Pablo Picasso, Bildhauer wie Henry Moore erlaubten sich, die Welt neu zu sehen. Erfinder wie Edison, Wissenschaftler wie Einstein oder Leonardo da Vinci und viele andere erlaubten sich in erster Linie, über die Grenzen des Bekannten und des erlaubten Denkens hinauszugehen und die Welt neu zu sehen. Und auch im Bereich der Psychologie und der gesellschaftlichen Entwicklung gelingt es immer wieder schöpferischen Geistern, die Welt neu und in einem erweiterten Spektrum zu sehen. Die ganze menschliche Entwicklung ist vor allem eine Frage dessen, was wir uns erlauben auszudenken und zu verwirklichen.

Die Frage für uns persönlich und für uns alle miteinander ist letztlich: *Sind wir so erlaubend mit uns selbst, wie Gott es ist?* Erlauben wir unserem Leben so zu sein, wie wir es zutiefst wünschen? Erlauben wir uns selbst, der oder die zu sein, die wir wirklich und in tiefster Seele sein wollen? Leben wir unser ureigenes Leben, oder leben wir vielmehr ein x-beliebiges Leben, das im Grunde gar nichts mit unserem Wesenskern zu tun hat?

Je wohlwollender wir uns selbst gegenüber sind, um so näher ist uns GOTT in uns und in unserem Leben. Nehmen wir also unsere Gedanken und Gefühle, alles was ist, wohlwollend an. Erlauben wir ihnen zu sein, so wie GOTT es allem erlaubt zu sein! Wie hat es einst einer meiner spirituellen Lehrer ausgedrückt:

Zeige dir gegenüber die Toleranz,
die du auch von anderen erwartest.
Verzeihe dir deine Fehler,

wie du auch von anderen Nachsicht erwartest.
Liebe dich selbst so,
wie du auch von anderen geliebt werden möchtest.
Und behandle dich selbst so,
wie du auch von anderen behandelt werden möchtest.

27 KursteilnehmerInnen

Ich erhielt einen Anruf von einer Bekannten. Sie erzählte von einem Albtraum, den sie eben gehabt hatte. Im Traum war sie mit dem Flugzeug abgestürzt, und sie hatte viele Leichen gesehen. Tatsächlich hatte sie vor, in der darauffolgenden Woche zu einem Seminar mit einem irischen Medium nach Irland zu fliegen. Sie schilderte die Traumbilder in allen Farben, dann wechselte sie die Tonlage und sagte fröhlich: „Aber Gary (so hieß der Kursleiter) wird es schon richten. Er wird uns wohl nicht in eine Katastrophe hineingeraten lassen.“

„Solche Dinge“, gab ich zur Antwort „mache ich jeweils selbst, indem ich meine eigene Absicht darauf richte, daß alles gut geht, daß ich eine gute, glückliche und mühelose Reise habe. Und das klappt immer bestens.“

Sie war etwas irritiert. „Gary wird schon schauen“, wiederholte sie nur.

Glauben Sie mir, ich habe nichts gegen Kurse und Seminare. Es gibt bestimmt einiges zu lernen, und wir haben im Leben nie ausgelernt. Aber viele Menschen bleiben ein Leben lang Empfänger von irgendwelchen Kurs- und Seminarweisheiten. Sie vertrauen auf das Wissen und die Erfahrungen oder Theorien anderer, um ihr Leben zu gestalten, nicht wissend, daß die einzige Kraft zur Lebensgestaltung und zur Veränderung in ihnen selbst liegt, und daß sie den Zugang zu dieser Kraft nur durch sich selbst finden. Viele KursteilnehmerInnen delegieren diese Kraft an ihre Kursleiter. Diese sind die Magier, die Zauberer, sie haben das Wissen und die Macht. Natürlich kann Gary oder wie auch immer Kursleiter heißen, etwas Gutes für seine Teilnehmer beabsichtigen, das hoffe ich doch. Aber bei jedem guten Kurs geht es letztlich darum, die eigenen Fähigkeiten zu entwickeln. Und die höchste unserer Fähigkeiten ist die, die eigene Absicht klar zum Ausdruck zu bringen und wirken zu lassen. Niemand kann unser Leben für uns leben, niemand hat so viel Wissen über uns wie wir selbst. Und wenn wir nicht dazu kommen, *unser* Leben zu leben, verlieren wir einen unermeßlichen Schatz.

Machen Sie sich frei von Bevormundung, lassen Sie nicht andere für sich denken und handeln. Arbeiten Sie mit Ihren eigenen Fähigkeiten und Möglichkeiten. Entwickeln Sie diese, bis Sie selbst Meisterschaft erlangt haben.

Ramtha* spricht jeden Menschen mit „Meister“ an, weil er uns bewußt machen will, daß wir selbst die Möglichkeit zur Meisterschaft in uns tragen. Wir machen unsere Realität schon heute selbst, ob sie uns gefällt oder nicht. Wir *sind* bereits Meister, auch wenn wir uns als solche vielleicht entschlossen haben, unsere Kraft und unsere Macht an andere abzugeben. Doch wir können uns heute dazu entschließen, all unsere Macht und unsere Kraft zurückzuholen. Wir brauchen uns nur kraft unserer Absicht dazu zu ermächtigen. Es mag nicht genügen, dies einmal zu tun. Dann tun Sie es immer wieder. Denken Sie daran, Sie sind hier, um sich selbst zu entfalten, um selbst zur Blüte zu gelangen und Ihr eigenes Leben in Schönheit zu leben.

Und jetzt schließt sich der Kreis: Da *Sie* der Meister sind, können Sie natürlich *jemanden* beauftragen, etwas für Sie zu tun, zum Beispiel eine geistige Wesenheit, einen Engel, was auch immer Sie möchten. Sie können einen Geist aus der Wunderlampe zaubern, der Ihre Wünsche verwirklicht, oder Sie können einen Engel vor sich hergehen lassen, der Ihnen den Weg bereitet.

* Ramtha ist eine geistige Wesenheit. Sie spricht durch das Medium J.C. Knight.

Sie können sogar Ihren Gary haben, der Ihnen zuarbeitet und dient. Was auch immer Sie beabsichtigen und in Auftrag geben, wird geschehen. Aber nun sind Sie der Meister, der Magier und Zauberer. Sie sind nicht hilflos und ausgeliefert, sondern sind im Besitz Ihrer geistigen Kräfte und verursachen selbst Ihr Gutes. Sie haben Ihr geistiges Erbe in Besitz genommen.

28 Geheimhaltung

Wenn Sie eine größere Sache, etwas Wichtiges und etwas grundlegend Neues, beabsichtigen, dann halten Sie Ihre Absicht am besten strikt geheim. Hängen Sie sie nicht an die große Glokke. Bekräftigen Sie für sich selbst Ihre gute Absicht, und lassen Sie diese erst einmal wirken. Nehmen Sie sich Zeit und geben Sie sich Zeit, Ihre Manifestation wirken zu lassen. Warten Sie, bis Ihre Absicht genügend *Momentum* erlangt hat. *Momentum* bedeutet Schwungkraft, Bewegung, Energie. Wenn Ihre Absicht erste Anzeichen der Verwirklichung zeigt oder sich vollends verwirklicht hat, ist es noch früh genug, darüber zu sprechen. Absichten können auch sabotiert werden, verschrien, blockiert. Und das sollten wir vermeiden.

Eine junge Frau suchte nach ihrem Studium eine geeignete Stelle. Die ganze Verwandtschaft hatte Anteil an ihrer Suche, und jede Absage wurde mit großem Bedauern quittiert. Wie bei einer Kranken hatte man Mitleid mit der „bedauernswerten Person, die es wieder einmal nicht geschafft hatte". Als die junge Frau bemerkte, daß das Bedauern der Verwandtschaft größer war als ihr Glaube an das Gute und an den Erfolg, begann sie, ihre Bewerbungen geheim zu halten. Selbst als sie bei einer Firma in die engste Wahl kam, hielt sie ihren Stolz geheim. Kurz darauf erhielt sie eine Vertrauensstelle bei einer renommierten Firma. Jetzt war es an der Zeit, die Verwandten und Bekannten an ihrem guten Geschick teilhaben zu lassen.

Es ist fast wie beim Kuchenbacken. Wir müssen das neue Gute solange *in der Röhre lassen,* wie es eben braucht, bis der Kuchen fertig ist. Wenn man immer jeden in den Ofen gucken läßt, dann wird das nichts. Hinzukommt, daß andere Menschen allzu oft nicht an unserem Guten interessiert sind. Manch einer fühlt sich gut, wenn er sieht, wie es anderen schlechter geht als ihm selbst. Man kann die eigene Mittelmäßigkeit besser ertragen, wenn andere auch nicht ihr Bestes leben. Gerade Familien sind manchmal solche Klüngel, wo alle im gleichen Boot oder besser im gleichen Käfig sitzen und keiner ausbrechen darf. Reden Sie also nicht über Pläne und Absichten, die heikel sind, gerade wenn Sie selbst jeden Funken Ihrer Glaubensfähigkeit für Ihr neues Gutes brauchen. So vermeiden Sie Zweifel und Kritik, die Sie verunsichern und Ihre guten Absichten unter Beschuß nehmen oder in Frage stellen könnten. Halten Sie Ihre Kraft zusammen, halten Sie die Stoßkraft und die Stoßrichtung aufrecht, lassen Sie sich durch nichts und niemanden beirren. Denken Sie daran: In unserem Ich- und Weltbild sind auch andere involviert. Wir sind auch das, was die anderen glauben, was wir sind. Wenn wir also etwas Neues installieren wollen, dann sollten wir das aus unserem Innersten heraus mit aller Kraft und mit der nötigen Vorsicht tun, um nicht den Widerstand der Mitwelt herauszufordern. Wenn die neue Absicht genügend *Momentum* hat, dann kann sie durch nichts und niemanden mehr aufgehalten werden. Und bis es soweit ist, lohnt es sich in den meisten Fällen, Zurückhaltung und Geheimhaltung zu üben.

29 Vom Wert der Stille und des Alleinseins

Zugegeben: ABSICHT ist überall und allgegenwärtig. Mitten im Getümmel und im Geschnatter der Welt können Sie mit der ABSICHT in Verbindung treten und Antworten auf Ihre Fragen und Ihre Anliegen erhalten. Die ABSICHT spricht fortwährend zu Ihnen und beantwortet Ihre bewußt gestellten oder unbewußten Fragen. Sie gibt Hinweise, führt Sie zu den nächsten Schritten und Entscheidungen. Sie können Ihr Radio einschalten oder Ihren Fernseher und „zufällig" eine Antwort auf oder einen Hinweis zu einem Anliegen erhalten. Mitten im Getümmel können Sie Inspiration und Geistesblitze erfahren, indem Sie die Zeichen des Lebens oder der Erscheinungen lesen und deuten. Den Strom des Lebens mit wachen Sinnen zu erleben und daraus die entsprechenden Hinweise und Antworten aufzunehmen ist hohe Lebensschule.

Andererseits erhalten Sie Antworten, Inspiration und Führung in besonderem Maße in der Stille. Stille gibt Raum für die innere Stimme, die innere Musik. In der Stille beginnen wir das wahrzunehmen, was sonst überlagert wird von unserer Wahrnehmung der Außenwelt und vom üblichen Geschnatter des Verstandes. Unser Verstand braucht fortwährendes Denken, ansonsten verschwindet er. Natürlich kommt er zurück, aber er verschwindet, wenn er nicht aktiv ist. Er tritt zurück und gibt Raum für Inspiration und Intuition. Nun können wir Gedanken erfassen und wahrnehmen, die von jenseits des Verstandes zu uns kommen.

Unser Verstand recycelt stets bekannte Informationen und Gedankeninhalte, das Neue kommt von jenseits der bekannten Gedankenmuster.

In der Ruhe und in der Stille sind wir also offen für Wahrnehmungen der anderen Art. Von „irgendwo" fliegen uns plötzlich Gedanken und Antworten zu, die uns sonst nicht oder nur schwer erreichen würden. Wenn wir *allein* sind, in der Ruhe und in der Stille, sind wir *alleins,* wir sind *eins mit allem.* Wir sind eins mit dem All, mit dem Universum, mit all dem, was ist. In dieser Einheit mit dem Höchsten, mit Gott, mit der ABSICHT können wir die Stimme der ABSICHT, die unsere innere Stimme ist, am besten vernehmen.

Mir selbst kommen die besten Ideen, wenn ich allein bin, am liebsten draußen in der Natur oder nachts zuhause, denn tagsüber bin ich oft abgelenkt vom Telefon oder von anderen Einflüssen. Als ich einmal bei einem meiner Bücher nicht mehr weiter wußte, machte ich eine kleine Wanderung in den Bergen. Erst beim Loslaufen formulierte ich meine Absicht: „Ich möchte wissen, wie es mit dem Buch weitergeht." Nach wenigen Schritten begannen die Informationen zu fließen, und ich hatte die Konzeption für die nächsten Kapitel beisammen.

Alleins können wir alles wissen. Jedes unserer Anliegen und jede unserer Fragen wird beantwortet werden. Es ist unsere Absicht zu wissen, und wir werden wissen. Es ist unsere Absicht, ein Problem zu lösen, und die Lösung wird uns zufliegen. Es ist unsere Absicht, den nächsten Schritt zu tun, und die Gelegenheit dazu wird sich vor uns auftun. Die Absicht ist die Ursache und der Anlaß allen Geschehens.

Nehmen Sie sich also genügend Zeit zum Alleinsein in der Ruhe und in der Stille. Sie werden überrascht sein, welche Türen sich auftun und zu was Sie in der Stille alles Zugang haben.

30 Höchste Absicht und individuelle Absicht

Mit unserer Absicht klinken wir uns ein ins schöpferische Geschehen und haben teil am grenzenlosen schöpferischen Potential, und am erfolgreichsten sind wir dabei, wenn unsere individuelle Absicht mit der Höchsten Absicht übereinstimmt.

Die eigentliche Frage, die Gretchenfrage, ist die: Hat Gott, die Höchste Absicht, der Schöpfer-Erhalter-Zerstörer, einen Plan für seine Schöpfung und für mein Leben, oder nicht? Diese Frage ist heikel, ich weiß, und mit ihr kann man sich eigentlich nur in die Nesseln setzen. Die drei großen monotheistischen Religionen dieser Welt (Christentum, Judentum und Islam) haben diese Frage längst abschließend beantwortet: Ja, Gott hat einen Plan, und unsere Aufgabe ist es, diesen zu erfüllen und ihm gerecht zu werden. Der Christ, Jude oder Moslem weiß also zu jedem Zeitpunkt, was er zu tun und zu lassen hat, um Gottes Plan und damit die Höchste Absicht zu erfüllen. Aber schon der Umstand, daß diese drei großen Religionen drei verschiedene Wege und

Systeme aufzeigen, die letztlich zum gleichen Ziel zu führen versprechen, zeigt auf, daß die Höchste Absicht und Gottes Wille mehr sein muß als ein Lebenskodex oder ein Glaubenssystem. Wenn es drei verschiedene Systeme zur gottgewollten Lebensführung gibt, bei welchen beiden wäre dann Gott *nicht* involviert?

Natürlich ist Gott überall involviert. Denn Gott ist alles, allgegenwärtig und ewig, und es gibt nichts, wo Gott nicht ist und was Gott nicht ist – es sei denn, es würde neben „Gott" einen noch mächtigeren Schöpfer geben. Und das ist doch per definitionem ausgeschlossen.

In Wahrheit ist die Antwort auf unsere Gretchenfrage etwas komplexer. Gott *hat* nämlich einen Plan, und Gott hat *keinen* Plan, beides ist wahr. Gott ist Wirklichkeit und Wahrheit, ist der Hintergrund für alles Sein und alle Entwicklung. Es ist Seine Absicht, die sich in der Schöpfung, in *aller* Schöpfung verwirklicht. Gott ist Alles, und dieses Alles entfaltet sich immer weiter und immer neu. Es ist *nicht* festgelegt, es ist nicht begrenzt, nicht in seiner Weite und nicht in seiner Kreativität. Es ist ewig, und es ist ewig neu. Da es ewig neu ist, kann es nicht festgelegt sein, es kann also keinem festgelegten Plan entsprechen. Alles *ist* einfach, und alles ist in Gott. Jede meiner individuellen Absichten, ob „gut" oder „schlecht", ist Teil des Großen Ganzen und trägt bei zu diesem sich fortwährend entfaltenden Universum. Gott hat also keinen fixen Plan.

Und dennoch: Wir sind hier nicht ohne Grund, das zeigt sich nirgends so deutlich wie in der Auseinandersetzung mit der Absicht. Wir sind nämlich die einzigen Lebewesen auf dieser Erde, die Absicht bewußt einsetzen können. Und genau darum geht es auch bei unserer Lebensaufgabe: Die Wirksamkeit der Absicht zu erkennen, die Verantwortung für unsere Absicht(en) zu übernehmen und damit der eigentlichen Absicht, die genau dies von uns „erwartet", Genüge zu tun.

Wenn wir die Verantwortung für unsere Absicht übernehmen, weil wir um ihre Wirksamkeit wissen, werden wir unsere Absicht in immer stärkerem Maße in den Dienst des Großen Ganzen stellen, da wir wissen, daß Gott alles ist, auch unsere Mitmenschen, und daß es nichts gibt, wo Gott nicht ist.

Die alten Sumerer aus dem Zweistromland haben es so ausgedrückt:

Der Gott in dir ist erwacht,
tritt zurück, damit Er hervortreten kann.

31 Prinzip Wunderlampe

Die meisten von Ihnen werden die Geschichte *Aladin und die Wunderlampe* aus den Arabischen Erzählungen von 1001 Nacht kennen. Der Altwarenhändler Aladin findet eine alte Lampe, die er für den Wiederverkauf auf Hochglanz polieren will. Bei dieser Tätigkeit entweicht der Lampe ein Geist, der die Macht hat, dem Lampenbesitzer jeden Wunsch zu erfüllen. Natürlich macht Aladin mit diesem Besitz Karriere, nicht nur wird er zum reichsten Mann des Landes, er erobert auch das Herz der schönen Prinzessin.

Die Geschichte ist im wahrsten Sinn des Wortes *wunder*bar, und es lohnt sich, sie etwas näher zu betrachten. Aladin ist ein gewöhnlicher Mensch, er ist einer von uns, so wie Sie und ich. Er ist kein Zauberer, kein allmächtiger König, er ist ein einfacher Mann, und doch bringt er es zu beachtlichen Zielen und Reichtümern. Die Lampe ist das zündende Element, doch eigentlich ist sie nichts weiter als ein Gefäß. Ein Gefäß für die Wünsche ihres Betreibers oder vielmehr Reibers. Sobald Aladin einen Wunsch oder vielmehr eine Absicht hat, reibt er mit dieser Absicht die Lampe und setzt damit die Verwirklichung der Absicht in Gang. Und wer erfüllt ihm seine Absicht und verwirklicht sie? Es ist der Geist, und auch diese Allegorie können wir wortwörtlich nehmen. Es ist der Geist oder einfach *Geist*, der unsere Absichten erfüllt. Absicht setzt Geist in Bewegung. Nicht einen Geist in der Gestalt eines Dämons oder einer Fee aus dem Märchen, sondern einfach Geist, geistige Energie. Absicht setzt Geist in Bewegung, schickt ihn auf die Reise, und mit der verwirklichten Absicht kommt er zurück zum Absender. Das (Bet-)Reiben der Lampe ist also die Initialzündung, die auslösende Idee, die den Geist in Aktion versetzt. Das Gefäß der Lampe ist nichts anderes als der Fokus, der dem Geist die Absicht übermittelt, der Ansatzpunkt sozusagen. Die Lampe an sich tut nichts, und doch setzt sie den Geist in Bewegung.

Als Aladin einmal nicht aufpaßt, gerät die Lampe in die Hände seines Gegenspielers, eines bösen Zauberers, der ihn beinahe vernichtet, denn nun gehorcht der Geist dem neuen Betreiber der Lampe. Das bedeutet: *Ein jeder kann die Lampe reiben und den Geist in Bewegung setzen.* Sie ist sozusagen Allgemeingut. Wer immer mit einem Wunsch die Lampe reibt, setzt den Geist zur Wunscherfüllung ein. Die Volksweisheit *Der*

Mensch denkt und Gott lenkt geht in die gleiche Richtung. Gott, das alles erlaubende Universum, führt die Absichten der Menschen aus.

Absicht bringt Geist in Bewegung und läßt Dinge in Erscheinung treten. Vielleicht waren Sie in letzter Zeit einmal draußen in der Natur auf einem Spaziergang. Sie finden eine süße Walderdbeere oder einen Steinpilz und kommen auf den Geschmack. Jetzt möchten Sie mehr Erdbeeren oder Pilze finden. Ihre Absicht ist „Erdbeeren", und plötzlich finden Sie diese überall. Aus allen Ecken und Enden leuchten Ihnen die roten Punkte entgegen, sie rufen Sie förmlich von unter dem Gras oder neben den Steinen. Ihre Absicht stellt eine Beziehung zu den Erdbeeren her, es ist, als ob Sie und die Erdbeeren von zwei Seiten aufeinander zugehen würden. Mit den Pilzen ist es genauso. Wenn Sie sie „rufen", kommen sie aus dem Waldboden förmlich auf Sie zu. Es entsteht eine Affinität oder Anziehung. Sie und die Pilze ziehen sich gegenseitig an, das Universum, beziehungsweise die Kraft der Absicht und der Aufmerksamkeit bringt Sie und die Pilze zusammen.

Ich selbst hatte lange Zeit Mühe, Pilze zu finden. Vor Jahren hatte ich einer bestimmten Yoga-

Gesellschaft angehört, die Pilze als *tamaguna* und somit als der spirituellen Ernährung nicht förderlich ansah. Jahre später aß ich zwar wieder Pilze, hatte aber die alte Einstellung zu ihnen nie bewußt geändert. Mein Weltbild war ihnen gegenüber voreingenommen, wollte nichts von ihnen wissen, und so fand ich auch nie welche im Wald. Als mir dieser Zusammenhang bewußt wurde und ich die Anweisungen bewußt änderte, war alles plötzlich ganz anders. Ich, der ich nie ein Händchen oder ein Gespür für Pilze gehabt hatte, fand sie plötzlich zuhauf. Die neue Absicht hatte neue Umstände und eine neue Realität geschaffen.

Nicht nur Erdbeeren und Pilze kommen kraft Ihrer Absicht auf Sie zu. Auch Chancen, Gelegenheiten, Begegnungen und glückliche Umstände folgen Ihrer Absicht und treten mehr oder weniger umgehend in Ihr Leben. Absicht formt Geist und gestaltet dadurch Realität. Betreiben Sie also keine Vogel-Strauß-Politik! Stecken Sie Ihren Kopf nicht in den Sand, sondern machen Sie sich Ihre Absichten klar. Sie sind so gut und erfolgreich in Ihrem Leben, wie Ihre Absichten klar und eindeutig sind.

„Ich könnte alles tun, wenn ich nur wüßte, was ich will" heißt ein 2005 auf Deutsch erschienenes

Buch von Barbara Sher. *Ich könnte alles tun, wenn ich nur wüßte, was ich will!* Stellen Sie sich vor, Sie wären Aladin, würden die Zauberlampe reiben, und wenn der Geist erscheint und Sie fragt: „Was kann ich für Sie tun, Meister“, dann sagen Sie traurig: „Ich weiß es nicht, ich weiß nicht, was ich will.“ Was für eine Verschwendung Ihrer Möglichkeiten, und was für eine Verschwendung Ihrer Fähigkeiten! Welch traurige Situation! Sie haben das Instrument zur Wunscherfüllung in Ihrer Hand, doch Sie wissen damit nichts anzufangen, weil Sie nicht wissen, was Sie wollen.

Viele von uns haben nicht gelernt, ihre Wünsche und Bedürfnisse sich selbst und dem Leben gegenüber ernst zu nehmen. Viele sind sich selbst fremd, sind eher gewohnt, auf die Bedürfnisse anderer Rücksicht zu nehmen als auf ihre eigenen.

Ich glaube zutiefst, daß wir hier sind , um herauszufinden, wer wir sind und was wir wollen. Was sind unsere Absichten, die zu erfüllen und zu verwirklichen wir hergekommen sind? Und zwar nicht einfach nur Karriere- oder andere gesellschaftliche Absichten, sondern unsere ureigensten Herzensabsichten.

Mit dem richtigen Umgang mit der Absicht können Sie haben was Sie wollen. Sie werden dabei um so glücklicher sein, je mehr diese Absichten aus Ihrem Herzen kommen. Wenn Sie wissen, was Sie wollen, können auch Sie eine Lampe als „Fokuspunkt“ einsetzen. Ich kenne Leute, die eine wunderbare alte Kaffeekanne mit Ihren Wunschzetteln füttern, auf die sie ihre Absichten geschrieben haben. Und stellen Sie sich vor: Der Geist erfüllt ihre Wünsche!

32 Die Kraft einer Vision

Als junge Frau hatte Regina eine ziemlich wilde Zeit verbracht. Sie war viel gereist und hatte viel ausprobiert, auch Männer, bis sie schließlich ihren Mann kennenlernte und mit ihm seßhaft wurde. Erstmals in ihrem Leben wünschte sie sich nun ein Kind. Bei einer Routineuntersuchung stellte ihr Frauenarzt ein großes Myom in ihrem Unterleib fest. „Es ist zurzeit noch gutartig“, stellte er fest, „doch früher oder später müssen wir operieren.“ – „Ich möchte jetzt eigentlich ein Kind haben“ sagte Regina zu ihm. „Das dürfte sehr schwierig werden, denn das Myom läßt wenig Platz, und Ihre Gebärmutter wäre bestimmt zu schwach, um ein Kind auszutragen. Sie würden es vermutlich verlieren.“

Doch Regina war Powerfrau genug, um sich nicht entmutigen zu lassen. Sie bekräftigte ihre Absicht, schwanger zu werden und problemlos ein gesundes Kind zur Welt zu bringen. Kurz darauf wurde sie tatsächlich schwanger. Sie freute sich gewaltig auf ihr Wunschkind. Der Arzt seinerseits riet ihr zu einem Abbruch der Schwangerschaft, da es für ihre Gesundheit zu riskant sei, das Kind auszutragen. Sie würde es mit aller Wahrscheinlichkeit ohnehin verlieren.

Regina ignorierte ihn, statt dessen bekräftigte sie weiterhin ihre Absicht. Sie schrieb diese wiederholt nieder und gestaltete eine große, farbenfrohe Collage (Bildkomposition) zum Thema „Kinderglück", eine klare Ansage an ihr KU, ihr Körper- und Unterbewußtsein, durchzuhalten und die notwendigen Kräfte und Bedingungen zur Wunscherfüllung bereitzustellen. Die Collage, eine wunderbare Bildkomposition, war eine sichtbare Manifestation ihrer Absicht, ein Kind zu haben. Und sie wirkte sich umgehend positiv aus. Die Schwangerschaft verlief wider ärztliche Prognose ohne alle Komplikationen, und nach neun Monaten gebar Regina einen gesunden Jungen, den sie nach dem Tag der Geburt, einem Sonntag, Dominik nannte. Dominik bedeutet auch „Geschenk des Herrn", und das war er wohl auch, ein Geschenk des Herrn, in meiner Sprache ein Geschenk der klaren Absicht.

Nach der Geburt stellte der Arzt fest, daß Reginas Gebärmutter „ausgelaugt" war, und er entfernte mit Reginas Zustimmung das Organ noch im Wochenbett. Trotzdem war Regina überglücklich. Ihr Sohn war da, ein wunderbarer Junge, der ihr noch viel Freude machen sollte. So gewann er schon als Kind sportliche Preise und gibt heute Anlaß zu großen Hoffnungen.

Eine **Vision** ist eine in Bild, Farbe und Gefühl ausgestaltete Absicht. Regina hatte nicht nur die Absicht, ein Kind zu haben, sie brachte diese Absicht zudem schöpferisch gestaltend zum Ausdruck. Sie entwarf ein Bild, wie ihr Kinderglück aussehen würde, und sie entwickelte und nährte die entsprechenden Gefühle, vor allem Vorfreude und Mutterliebe. Sie nutzte die Kraft des Wortes, um ihre Absicht und damit ihre Zukunft auszugestalten. Damit trug sie entscheidend zur Verwirklichung ihrer Absicht bei.

Ob im privaten Glück, für Ihre Gesundheit oder für berufliche oder geschäftliche Entwicklungen: Das sorgfältige Ausgestalten Ihrer Absicht als Vision, als visuelles und gefühlsmäßig verankertes Bild, kann für die Verwirklichung Ihrer Ziele von entscheidender Bedeutung sein. Sie sollten darauf genügend Aufmerksamkeit und genügend Zeit verwenden.

Es liegt an euch! Entscheidet!
Was ihr entscheidet, wird sein.
Scheidet, entscheidet: hier das Alte – hier das Neue.

Die Antwort der Engel

33 Loslassen und Verzeihen

Loslassen und Verzeihen ist ein Thema, das in der religiösen und spirituellen Literatur immer wieder auftaucht. Als katholisches Kind hatte ich schon früh gelernt, daß man alles verzeihen muß. Wenn andere einen ärgern oder einem etwas zuleide tun, man solle verzeihen. Wenn sie einen übervorteilen, ausnutzen, belästigen, man solle verzeihen. Als Kind habe ich nie begriffen, was ich da hätte tun sollen. Zu „vergeben" und zu „verzeihen" waren geflügelte Worte, doch ich wußte nicht, was da konkret zu tun war. Warum wurde nach einem erlittenen Unrecht auch noch verlangt, daß man zu Kreuze kriecht, sich windet und entschuldigt, das habe ich nicht kapiert. Und da es vielleicht vielen so erging oder ergeht, möchte ich dazu ausgiebig Stellung nehmen.

Dem Herkunftswörterbuch nach kommt *verzeihen* von *zeihen*, mittelhochdeutsch *zihen,* was bedeutet: anzeigen, anklagen, auf etwas zeigen. Mit meinen Worten würde ich heute sagen, es bedeutet, *den Fokus auf etwas zu lenken. Verzeihen* bedeutet also, auch nach Duden, *Verschuldetes nicht anzurechnen,* neuhochdeutsch *einen*

Anspruch aufzugeben, sich loszusagen. Die ursprüngliche Wurzel des Wortes findet sich noch in *Verzicht,* und das ist es, worauf es beim Verzeihen wirklich geht. Worauf würden wir denn verzichten, welchen Anspruch würden wir aufgeben und was an Verschuldetem würden wir nicht mehr anrechnen, wenn wir verzeihen würden? Was würden wir loslassen, woran festhalten?

Schauen wir den Prozeß an, Schritt für Schritt: Etwas Unangenehmes ist passiert. Die Erinnerung daran halten wir fest, genauso wie unsere Gefühle dazu, und diese bestehen zumeist aus Groll, Hader und Enttäuschung. Die Gefühle helfen uns dabei, die unangenehmen Erinnerungen zu bewahren, und wir bewahren sie, als seien sie etwas besonders Kostbares. Warum tun wir das? Weil wir auf Rache sinnen, weil wir auf Wiedergutmachung und auf unser Recht hoffen? Vielleicht. Aber durch unser Festhalten am Geschehenen geschieht genau das Gegenteil von Wiedergutmachung.

Die spirituelle Wissenschaft lehrt uns, daß es Vergangenheit nicht gibt. Was vergangen ist, ist jetzt nicht, und Jetzt ist die einzige Zeit, die es gibt. Mit unserem Festhalten holen wir etwas, was längst vorbei ist und was es eigentlich gar nicht mehr gibt, in die Gegenwart zurück. Anstatt weiterzugehen im Ewigen Jetzt, lassen wir Vergangenes wieder auferstehen, und was war, wird im Jetzt erneuert.

Die spirituelle Wissenschaft lehrt uns auch, daß sich das vermehrt, worauf wir unseren Fokus lenken, worauf wir uns konzentrieren. Das tritt als Realität in Erscheinung, das verstärkt und verwirklicht sich. Was unangenehm und verletzend war, wird also festgehalten und droht sich dadurch zu wiederholen.

Verzeihen ist also nichts anderes als der Verzicht auf die Wiederkehr des ewig Gleichen. Dieser Verzicht bedeutet, aus dem Kreislauf des Grolls und des Hasses auszubrechen, damit das Leben weitergehen und etwas Neues entstehen kann.

Wenn wir auf die alten Bewußtseinsinhalte verzichten und unsere Absicht und unseren Fokus auf das lenken, was uns zutiefst am Herzen liegt, dann ist der Weg frei für eine neue, bessere Welt. Wenn wir den falsch verstandenen Anspruch auf „unser Recht“ und auf Rache aufgeben, wird der Weg frei für unser eigentliches Gutes. Wir brauchen nichts weiter zu tun, als unseren Fokus auf die eigentlichen gewünschten Inhalte zu lenken. Und ich wünschte mir, Politiker aller Couleur würden sich dies überall auf der Welt zu Herzen nehmen, vor allem auch im Nahen Osten.

Fragen wir uns also stets, was ist die eigentliche Absicht hinter einem Geschehen!? Wollen wir weiter kämpfen, leiden, entbehren, oder wollen wir Frieden, Licht und Erfüllung in unserem Leben haben? Wollen wir an den alten Konflikten und Gefühlen festhalten, oder wollen wir Lösungen schaffen und erleben? Leider erleben wir auch auf der politischen Bühne des Lebens immer wieder, daß es vielmehr darum geht, alte Ansprüche aufrechtzuerhalten, zu teilen und zu herrschen, anstatt diese aufzugeben und Lösungen zu finden, bei denen alle gewinnen.

Peter ist Unternehmer und führt eine eigene Firma, die anderen Firmen Support in Innovation und Technologie anbietet. Über mehrere Jahre hatte er einen vielversprechenden Kontakt zu einem Kunden aufgebaut, der neue Produkte entwickelte und auf den Markt brachte. Als dieser Kunde langsam schwarze Zahlen schrieb und Peters Einsatz sich zu rechnen begann, wandte sich der Kunde unversehens von ihm ab und einem neuen Partner zu. Peter war konsterniert, mußte aber die Gegebenheiten akzeptieren. Anfangs grollte er, fühlte sich betrogen und ausgenutzt. Schließlich hatte er so viel in diese Projekte investiert. Aber alles Hadern half nichts, Peter wußte das. Mit seinem Groll würde er nur die weitere Entwicklung seiner Firma behindern. Es galt, das, was geschehen war, loszulassen und zu verzeihen. Doch wie sollte das geschehen, welches Zeichen konnte er setzen?

Nach einigem Nachdenken beschloß er, seine neue Absicht bewußt niederzuschreiben. Doch was war seine eigentliche Absicht? Seine eigentliche Absicht war, daß sich sein Engagement für diesen Kunden doch noch rechnete, und so formulierte er: „Nichts, was ich gemacht habe, ist verloren.“ Immer wieder bekräftigte er: „Nichts ist verloren.“ In seinem Bewußtsein gab er allen Anspruch auf Gedanken auf, die in etwa lauteten: „Der andere ist ein Idiot, ein Betrüger“, „Ich hatte beruflich Pech“ etc. Nichts von dem war wahr, und vor allem war nichts verloren.

Einige Wochen später begegnete er seinem ehemaligen Kunden auf einer gesellschaftlichen Veranstaltung. Die beiden kamen in ein lockeres, freundschaftliches Gespräch, worauf der Kunde ihm einen neuen Auftrag erteilte. Dieser war so lukrativ, daß er Peter für all die vergangenen Mühen spielend entschädigte.

Mit der Absicht *Nichts ist verloren* hatte Peter losgelassen und verziehen, denn diese bedeutete: *Ich brauche nicht einer vergangenen Gelegenheit nachzutrauern.* Sie bedeutet: *Ich habe keine Chance verpaßt, nichts ist passiert, was nicht zu meinem Besten wäre.* Peter wußte, das Universum würde seine neue Absicht verwirklichen und für den aufgegebenen Anspruch einen Ausgleich schaffen.

ALLES WIRD GUT, wenn wir dem Universum die Gelegenheit geben, dies zu verwirklichen. Und *Verzeihen* bedeutet nichts weiter, als eben diese Option dem Universum einzuräumen. Wir lassen Altes los, damit etwas Neues geschehen kann. Und *Verzeihen* bedeutet, die Absicht neu einzustellen, damit sich etwas Neues ereignen kann.

34 Ändern: Das Installieren einer neuen Absicht

Das ganze Universum ändert sich ständig, da es sich in einem andauernden Entstehungsprozeß befindet. Was heute ist, wird morgen anders oder gar nicht mehr sein.

Auch Ihr Leben ändert sich ständig, da es in einem fortwährenden Prozeß des Werdens steht und sich in jedem Augenblick gemäß Ihren Absichten entwickelt. In meinem Buch *Alles kann sich ändern* habe ich aufgezeigt, wie Sie alles zu Ihrem Guten und zu Ihren Gunsten ändern können. Auch wenn ich im Buch ein kleines Ritual zur Verankerung der Änderung empfehle, ist die Sachlage im Grunde doch ganz einfach: Allein das Ausrichten Ihrer Aufmerksamkeit auf eine „Änderung" gibt den Ausschlag und veranlaßt das Universum, eine neue Realität zu gestalten. Jeder neue Fokus Ihrer Aufmerksamkeit, jede neue Absicht tendiert umgehend zur Verwirklichung. Wenn die neuen Ziele nicht in einem Widerspruch zu Ihrem Selbst- oder Weltbild stehen, werden sie sich alsbald verwirklichen. Das Geheimnis des Änderns ist also nichts weiter als **das**

bewußte Verschieben des Bewußtseins- oder Aufmerksamkeitsfokus, des *Montage-Punktes,* wie der Indianerschamane Don Juan es bezeichnen würde.

So gesehen ist *Ändern* im Grunde die einfachste Sache der Welt. Doch wie hat einmal Rüdiger Dahlke (im Zusammenhang mit der Ohrmassage) gesagt: „Diese Methode ist so einfach und so wirkungsvoll, daß die meisten sie *nicht* anwenden werden." Diese traurige Tatsache mag auch für das Ändern und das Arbeiten mit der Absicht im allgemeinen gelten. Für viele mag es zu einfach sein, „nur" mit Geist beziehungsweise mit der bewußten Lenkung des Geistes zu arbeiten. Sie weigern sich einfach, zu sehen und zu verstehen, daß GEIST die größte und ursprünglichste Kraft des Universums ist und daß im Grunde alles Geist ist und aus Geist entsteht, wir Menschen eingeschlossen, daß wir also selbst Geist sind und darüber hinaus Geist durch das ihm innewohnende Bewußtsein (unsere Absicht) lenken können.

Tatsache ist, wir haben gelernt, *nicht* zu verstehen, wie das Universum funktioniert und wie unser Leben funktioniert. Wie gesagt: Im Grunde ist alles ganz einfach, und wenn wir uns nicht weiterhin weigern, eins und eins zusammenzuzählen, dann können wir tatsächlich erkennen, daß und wie wir Mitschöpfer unserer Welt und unseres Lebens sind. Jedes Mal, wenn Sie mit einer neuen Absicht den Fokus Ihres Bewußtseins auf etwas Neues lenken, ist die Änderung der Realität auf der geistigen oder kausalen Ebene bereits vollzogen, denn mit der Absicht ist schöpferisches Geschehen bereits erfolgt. Und wenn Ihr KU (Ihr Körper- und Unterbewußtsein) keinerlei Einwände gegen die neue Absicht hat, dann dürfen Sie diese bald als Ihre neue Realität erfahren.

35 Verschossene Patronen

Allzu oft sabotieren wir unsere eigene Absicht selbst, vor allem dann, wenn wir diese immer wieder ändern, bevor sie sich verwirklicht hat. Das andauernde Ändern einer Absicht kann fatale Folgen haben. Wir müssen uns den Prozeß so vorstellen: Jede Absicht erteilt dem universellen Geist einen Verwirklichungsauftrag. Jede Bestellung ans Universum tendiert umgehend zur Verwirklichung. Das Universum setzt die schöpferischen Kräfte in Bewegung, und diese beginnen, der Absicht eine Form zu geben. Mitten in diesen schöpferischen Gestaltungsprozeß hinein erfolgt plötzlich eine Änderung, das „Schöpfungsteam" des Universums muß alles stehen und liegen lassen, um sogleich den neuen Auftrag zu erfüllen. Im Grunde wird das Universum zwar nicht müde, all unsere Wünsche zu erfüllen, aber wenn wir diese immer wieder ändern, kriegen wir nichts gebacken, nichts wird fertig, eine Baustelle folgt auf die andere.

Dies ist nicht mit dem Ändern von Realität zu verwechseln, wie ich es in *Alles kann sich ändern* beschrieben habe. Wir *können* alles ändern, was ist, das ist eine Tatsache. Aber wenn wir ständig neue Absichten losschicken und andere Bestellungen aufgeben, wird das Universum im Manifestationsprozeß andauernd unterbrochen. Und dann sagen die Menschen: „Bei mir funktioniert es einfach nicht."

Glauben Sie mir, es funktioniert immer, auch bei denen, die vom Gegenteil überzeugt sind.

Alles, was wir als Realität „geliefert" bekommen, haben *wir selbst bestellt* beziehungsweise verursacht. So bietet sich im Leben manch eine Gelegenheit, die *wir* auf irgendeine Weise verursacht haben –, doch dann nehmen wir sie nicht an! Sei es aus Überheblichkeit oder aus Unsicherheit, daß wir uns etwas nicht zutrauen, auf jeden Fall lehnen wir die günstige Gelegenheit ab, die sich uns bietet. Wir weisen die Schöpfung des Universums, die *unsere* Schöpfung ist, zurück. Mit unserer Absicht haben wir sie verursacht, und nun wollen wir das Bestellte nicht haben.

In dem argentinischen Film *Tempora de Patos* (Zeit der Enten) sagt einer der tragischen Helden der Geschichte: „Die günstigen Gelegenheiten im Leben sind wie Patronen. Du hast eine gewisse Anzahl davon, und wenn sie verschossen sind, dann sind sie verschossen."

Da ist etwas Wahres dran. Deshalb sollten wir uns versichern, daß die Patronen, die wir verschießen, Treffer sind. Volltreffer! Und am besten gelingt uns dies, wenn wir uns im vorhinein überlegen, *was* wir ins Visier nehmen und *worauf* wir unsere geistige Kraft und Absicht ausrichten. Anderenfalls kann es leicht sein, daß wir selbst zu tragischen Helden unseres Lebens werden.

36 Ängste und Wünsche

Unsere Ängste und unsere Wünsche – beide sind ein schöpferischer Fokus unseres Bewußtseins. Und in beidem, im Wünschen und in der Angst, werden wir genau das erhalten, worauf wir uns konzentrieren. Wir erhalten das, wovor wir uns fürchten, genauso zuverlässig wie das, was wir uns richtig wünschen.

Nun hat einmal ein Weiser gesagt: „Ängste sind nichts anderes als auf den Kopf gestellte Wünsche". Hm! Das würde also bedeuten, daß wir genau das, wovor wir uns fürchten und was uns Angst macht, daß wir genau das wollen!? Das ist ziemlich schwierig und nicht leicht zu verstehen.

Auf einem Seminar ließ ich die Teilnehmer ihre Ängste niederschreiben und dann unter diesem Gesichtspunkt betrachten. Unter den genannten Ängsten war beispielsweise die Angst, „von einem Mann verlassen zu werden" oder „zu manipulieren und manipuliert zu werden". Die Frau, die Angst hatte, verlassen zu werden, war schon mehrmals verlassen worden, der Teilnehmer mit der Manipulationsangst war ein Meister im

Manipulieren und darin, manipuliert zu werden. Und beide nannten dies jeweils als ihre größte Angst.

Ich fragte: „Was wäre, wenn dies euer *Wunsch* wäre, verlassen zu werden beziehungsweise zu manipulieren und manipuliert zu werden!?!" Ich schaute in ungläubig staunende Gesichter. Es dauerte eine Weile, dann sagte die verlassene Frau: „Du meinst, es wäre vielleicht gar mein *Wunsch*, verlassen zu werden ..."

„Was wäre wenn ..." fragte ich zurück.

„Puh", sagte sie, „dann hätte ich ja dieses ganze Geschehen, dieses ganze Programm selbst gewünscht und damit verursacht ..."

„Was wäre, wenn", sagte ich wieder, „aus was für Gründen auch immer, sei es als Folge aus vergangenen Leben oder auf Grund sonstiger Entscheidungen, was immer dafür in Frage kommt. Was wäre, wenn ..."

„Dann ... dann könnte ich es ja auch ändern ...", brachte sie fassungslos hervor und wurde gleichzeitig von Energie geschüttelt. Sie spürte die unmittelbare Kraft in sich, ihr Lebensprogramm zu ändern. Ihre Augen leuchteten, sie war bereit, ihre Angst und ihre Opferrolle für immer abzulegen.

Was wäre, wenn wir tatsächlich Schöpfer wären und unsere Ängste genau so geschaffen hätten wie alles andere? Es gäbe uns eine ungeheure Freiheit, die Knechtschaft durch die Ängste zu beenden und die Inhalte unseres Bewußtseins und damit unsere Realität umzuschreiben.

Was genau willst du? Was genau ist deine Absicht? Dies ist an jedem Punkt unseres Lebens die entscheidende Frage. Ist es Angst, Mangel, Not, oder ist es Fülle, Glück und Zufriedenheit? Wir haben die Wahl, jetzt und immer.

An den Scheidewegen des Lebens
stehen keine Wegweiser.

Charles Spencer „Charlie“ Chaplin

37 Bestimme, wohin du gehen willst, und geh!

„Die Wahl für den Lebensweg liegt beim Individuum", sagt Edgar Cayce. Das Individuum, das sind Sie. Die Wahl für Ihren Lebensweg liegt *bei Ihnen*!

Ich brütete eines Nachts über einem Problem und wußte nicht, was ich tun und wie ich mich entscheiden sollte. Ich bat meine innere Stimme um Antwort, und darüber schlief ich ein. Mitten in der Nacht wachte ich auf und kritzelte im Dunkeln etwas auf ein Blatt Papier, das auf meinem Schreibtisch lag. Als ich am folgenden Morgen richtig wach war, las ich mit Erstaunen mein Gekritzel. ***Bestimme,*** *wohin du gehen willst!* las ich da. Beim Morgenkaffee ließ ich mir diese Worte immer wieder durch den Kopf gehen, und diese Worte bildeten einen der Hauptmotoren für dieses Buch über *die Kraft der Absicht*.

Bestimme selbst, was sein soll! Frage nicht, bestimme! Das Universum wird sich gemäß deiner Absicht und dem, *was du bestimmst*, verwirklichen. Entscheide, was du willst, und dann bestimme, daß dies sein soll. *Amen! So sei es!* Denn die Wahl für den Lebensweg und für die ihm zu Grunde liegende Realität liegt bei dir! Wow! Was für eine Botschaft!

„An den Scheidewegen des Lebens stehen keine Wegweiser“, sagte Charlie Chaplin einmal. Wir selbst sind es, die die Wegweiser für unseren Lebensweg errichten müssen. Erobern Sie also Ihre Bestimmungskraft zurück. Setzen Sie sich auf den Königsthron Ihres Lebens, nehmen Sie die Insignien der Kraft in Ihre Hand, Ihr Zepter, das die Kraft Ihrer Absicht, Ihrer Gedanken und Ihrer Worte versinnbildlicht. Bestimmen Sie, daß sich ändern soll, was Ihnen nicht gefällt!

Seth* sagt: „Wenn ihr krank seid, sagt ihr vielleicht: ‚Ich wollte nicht krank sein’, oder wenn ihr arm seid: ‚Ich wollte nicht arm sein’, oder wenn euch niemand liebt: ‚Ich wollte nicht einsam sein’. Und doch habt ihr aus irgendeinem Grunde irgendwann einmal begonnen, mehr an Krankheit als an Gesundheit, an Armut mehr als an Wohlstand, an Einsamkeit mehr als an Zärtlichkeit und Liebe zu glauben.“ Dies alles können Sie jetzt kraft Ihrer Bestimmung ändern.

* Seth ist eine geistige, nicht manifestierte Wesenheit, die uns ihr profundes, geistig-spirituelles Wissen durch das Medium Jane Roberts mitgeteilt hat.

„Mag sein, daß ich mehr an Krankheit als an Gesundheit glaube, und das kann sich ändern. Ich **bestimme**, daß dieses Problem verschwindet!“

„Mag sein, daß ich mehr an Mangel und Armut glaube als an Fülle und Wohlstand, doch das kann sich ändern. Ich **bestimme jetzt**, daß dieses Problem verschwindet.“

„Mag sein, daß ich mehr an Einsamkeit als an Liebe und Nähe glaube, und das kann sich jetzt ändern. Ich will, daß dieses Problem verschwindet! So sei es!“

Sie sind der Meister (oder die Meisterin), und Meisterschaft ist immer jetzt. Denn wenn Sie ein Meister sind, dann sind Sie **jetzt** ein Meister, und Sie können jetzt „zaubern“. Was auch immer Ihre Verzauberung ist, Ihr Fluch oder Ihr *Spell*, wie es auf Englisch heißt, Sie können diese Verzauberung jetzt beenden und den Fluch auflösen. Den hundertjährigen Schlaf von Dornröschen, den Fluch der alten Hexe, den Sie wohl selbst einmal akzeptiert haben – Sie können das **jetzt** beenden, indem Sie es ändern. Wenn Ihnen Ihre Lebenssituation nicht gefällt, dann stehen Sie dazu. Und stehen Sie dazu, daß Sie etwas ändern möchten.

Seths Schlußkapitel über „Selbstbejahung, Liebe, Annahme und Ablehnung“ (im Buch *Die*

Natur der persönlichen Realität) ist so einmalig und so kraftvoll, daß ich es am liebsten in seiner vollen Länge zitieren möchte. Vielleicht denken Sie, was zitiert der Koch permanent in seinem Buch. Nun, ich brauche die Welt nicht neu zu erfinden, ich möchte sie vor allem bewußt machen. Und ich ehre die Meister, die uns den Weg zeigen und gezeigt haben.

Seth sagt also: „Selbstbejahung heißt, euch selbst und eure Lebensführung zu bejahen und euch als einmalige Persönlichkeit anzunehmen. Selbstbejahung bedeutet, daß ihr euch selbst zum Individuum erklärt. Selbstbejahung heißt, daß ihr das euch eigene und durch euch hindurch fließende Leben ins Herz schließt. Selbstbejahung ist eine eurer größten Stärken."

Bekräftigen Sie deshalb, und bekräftigen Sie immer wieder:

Mein Leben gehört mir
Und ich bringe es schöpferisch
zum Ausdruck.

Erschaffen und ändern Sie, was Sie erschaffen oder ändern möchten! Es gibt nichts, vor dem Sie sich fürchten müßten. Denn für alles, was Sie loslassen, folgt etwas Besseres nach. Ergreifen

Sie die Initiative! Sprechen Sie mit der inneren Vitalität, die Sie durchströmt, und aus dem inneren Wissen heraus, das Ihnen zutiefst eigen ist. Denn, wie wiederum Seth sagt: „Euch wurde Göttliches zuteil. Ihr selbst gestaltet eure Realität und eure Erfahrungswelt… Ihr verfügt über eine immense schöpferische Energie, und eurem Selbst sind keine Schranken gesetzt – außer denen, an die ihr glaubt."

Akzeptieren Sie die Gegenwart Gottes in sich selbst. Akzeptieren Sie Ihren göttlichen Auftrag, Ihr eigenes Leben nach Ihrem Gutdünken zu leben und alles zu Ihren Gunsten zu gestalten, für sich selbst und für die Menschen, die mit Ihnen diese Welt bewohnen. Denn die Zeiten des Entweder-Oder sind vorbei. Nicht Fressen oder Gefressenwerden, sondern Leben und Lebenlassen, Vielfalt statt Einfalt ist die Devise der Zukunft.

Respekt für den andern erwächst vor allem aus dem Respekt sich selbst und dem eigenen Leben gegenüber. Wer selbst erfüllt ist, wer selbst sein Leben lebt und seine Herzensangelegenheiten verwirklicht, der gönnt dem Nächsten wohl das gleiche Glück. Wo Licht ist, ist kein Schatten mehr, denn Licht ist Licht, und Freude ist Freude. Es geht zutiefst darum, uns selbst zu erfüllen, nicht *gegen* jemanden, sondern *für uns selbst*.

„Ich heiße Seth“, sagt dieser. Und „ich spreche meinen Namen voller Freude aus, obgleich Namen nicht wichtig sind. Möge jeder von euch jeden Morgen seinen Namen so aussprechen und sich selbst bejahen.“

Und dies ist sein Vermächtnis:

„Ihr erschafft euer Leben aufgrund eurer inneren Wesensmacht, deren Quelle in euch selbst und doch jenseits des euch bekannten Selbst zu finden ist, und dank eurer Eigenmacht zu handeln. Gebraucht diese schöpferischen Gaben vom Kraftpunkt der Gegenwart aus. Ehrt euch selbst und bewegt euch durch die Göttlichkeit eures Wesens... Jeder von euch hat seine eigene Reise zu machen und muß den Gezeiten, der Ebbe und Flut, seines eigenen Wesens folgen.“

Dem habe ich nichts mehr hinzuzufügen, außer:

Bon Voyage! Gute Reise!

Gebet

„Vom Herrn und Gott meines Seins
Rufe ich dich, Gott über mein Leben,
und bitte dich
hervorzutreten!
Schreite zur Tat!
Gib mir Leben,
und laß das hervortreten,
was Seine höchste Absicht ist.“

Ramtha

Über den Autor

Nach seinem Universitätsabschluß in Psychologie, Gehirnforschung und Religionsgeschichte arbeitete Franz A. Koch zunächst bei einem Naturheiler. Dann führte er viele Jahre eine psychologisch therapeutische Praxis, leitete unzählige Seminare und Workshops in verschiedenen Ländern, lernte immer wieder von Lehrern und Meistern, Kulturen und Traditionen. Heute ist er als psychologischer Unternehmens- und Erfolgsberater und als Coach tätig.

Weitere Bücher aus dem Omega-Verlag

Der Geheimtip von Bärbel Mohr

Werner Ablass

Leide nicht - liebe

Über die Liebe zur Liebe ohne Objekt

202 S., gebunden mit Schutzumschlag
€ 10,80 [D] • SFr 19,80
ISBN 3-930243-30-X

Neu: jetzt auch als Hörbuch, 2 CDs, 136 min.
€ 15,80 [D] • SFr 28,60
ISBN 3-930243-40-7

Alles im Kosmos basiert auf Schwingung und Resonanz. Wer leidet, befindet sich auf einer tiefen Schwingungsebene und zieht dementsprechend negative Lebensumstände an. Wer liebt, schwingt auf der höchstmöglichen Schwingungsebene und wird dadurch automatisch zum Magneten für Harmonie, Glück und Erfolg.

Dieses Buch zeigt, wie man trotz aller Widrigkeiten im Alltag in die Schwingung von Agape gelangt – einer Liebe, bei der das Objekt völlig zweitrangig ist. Das heißt: Es geht nicht darum, WAS man liebt, sondern darum, DASS man liebt – weil es einem dabei soooo gut geht!

„Lerne die Liebe zu lieben - und du wirst auf eine Goldader stoßen!"

Dieses Buch ist eine Art Turbobeschleuiger für alle Universumsbesteller. Es ist die beste Basis für eine gute Verbindung mit dem Universum, die ich mir denken kann. Aus meiner Sicht ein Muß in jedem Bücherschrank!

Bärbel Mohr

Zu beziehen in jeder guten Buchhandlung

Omega®-Verlag **G. Bongart & M. Meier (GbR)**

Karlstr. 32 D-52080 Aachen

Tel.: 0241-16 81 630 • Fax: 0241-16 81 633
e-mail: info@omega-verlag.de http://www.omega-verlag.de

Fordern Sie auch unser kostenloses Verlagsverzeichnis an!